四季如歌融课程
建设与实践

黄伟红 著

浙江工商大学 出版社
ZHEJIANG GONGSHANG UNIVERSITY PRESS
·杭州·

图书在版编目 (CIP) 数据

四季如歌融课程建设与实践 / 黄伟红著 . — 杭州：
浙江工商大学出版社 , 2023.9
ISBN 978-7-5178-5751-8

Ⅰ . ①四… Ⅱ . ①黄… Ⅲ . ①小学 — 课程建设 — 研究
Ⅳ . ① G622.3

中国国家版本馆 CIP 数据核字 (2023) 第 186253 号

四季如歌融课程建设与实践

SIJI RUGE RONG KECHENG JIANSHE YU SHIJIAN

黄伟红 著

策划编辑	杨凌灵
责任编辑	杨凌灵
责任校对	都青青
封面设计	朱嘉怡
责任印制	包建辉
出版发行	浙江工商大学出版社
	（杭州市教工路 198 号　邮政编码 310012）
	（E-mail：zjgsupress@163.com）
	（网址：http://www.zjgsupress.com）
	电话：0571-88904980，88831806（传真）
排　　版	朱嘉怡　胡　晨
印　　刷	杭州宏雅印刷有限公司
开　　本	787mm×1092mm　1/16
印　　张	13.5
字　　数	275 千
版 印 次	2023 年 9 月第 1 版　2023 年 9 月第 1 次印刷
书　　号	ISBN 978-7-5178-5751-8
定　　价	98.00 元

序

党的十八大以来，习近平总书记在多个场合谈到中国传统文化，表达了自己对传统文化、传统思想价值体系的认同与尊崇，提振了中华民族的文化自信。

党的二十大报告指出："以社会主义核心价值观为引领，发展社会主义先进文化，弘扬革命文化，传承中华优秀传统文化，满足人民日益增长的精神文化需求，巩固全党全国各族人民团结奋斗的共同思想基础，不断提升国家文化软实力和中华文化影响力。"这透露出坚定文化自信的深沉力量。确实，文化自信是一个国家、一个民族对自身文化价值的充分肯定，以及对自身文化生命力的坚定信念。

中华优秀传统文化具有独特的文化属性和精神内核，它是中华民族珍贵的文化遗产，体现了中华民族的文化传承力和创造力。而中国传统节日是中华民族的文化瑰宝，它传承着数千年的文化基因与族群记忆，是中华民族至关重要的源头与血脉。中国传统节日与节气密不可分，在文化自信视域下，如何更好地传承和弘扬中华优秀传统文化，使其在现代社会绽放出更加绚烂的光彩，成为各个学校需要研究的新课题。

教学需要大视野，但很多时候，我们人为地将知识"画地为牢"，导致学生在学习之中只看到知识的"一片树叶"，而不是"一棵树木"，更看不到"一片森林"。南海实验学校惠民桥小学校区是一所新办学校，丰富课程建设是其面临的首要问题。开发一种怎样的课程，既能落实中华优秀传统文化教育，又能改变教学模式，落实育人理念，提升学生综合素养？四季如歌融课程由此产生，它采用"1"个节气或节日整合多学科的形式，遵循"五育"融合的理念，以多学科联合育人为目标，利用项目化学习方式，让教学时空向前推进、向后延展，把学习场域进一步拓宽到家庭、社会，在传播中华优秀传统文化的同时，也能有效促进核心素养落地，实现多学科联合育人。

在实施中，四季如歌融课程成功入选浙江省教育科学规划课题。每一个课程的实施，大家都群策群力，翁昌舟、唐文娜、陆宇芬、江燕玲、刘颖娜等老师，或对课程实施方案出谋划策，或对自己负责的学科献计献策。在课程实施初期，为了方便学生假期在家学习，课程需要制作视频、录音等。学科组的金晶、邢颖颖、陈建羽、邵乐豪、姜虹、贺燕超等老师，反复修改教学视频，学科组负责老师又一次次审核，而后再把所有学科的教学视频整合到一个视频中。陶思晨、胡哲、顾俏毓、黄雪怡等老师一遍遍录音、修改，再进行后期制作，直至将整个视频完美呈现。我们的学校种满了桂花，姜虹老师还借鉴第15届中国金鸡百花电影节吉祥物"桂花宝宝"的形象，设计木槿精灵，把木槿精灵融入了融课程中。课程从开始的只有一至三年级3个年级的内容，到2年后一轮课程结束有一至五年级5个年级的内容，历时2年的课程实施，让学生深有感触，收获颇丰。

《义务教育课程方案（2022年版）》指出："全面落实习近平新时代中国特色社会主义思想，将社会主义先进文化、革命文化、中华优秀传统文化、国家安全、生命安全与健康等重大主题教育有机融入课程，增强课程思想性……强化课程综合性和实践性，推动育人方式变革，着力发展学生核心素养。凸显学生主体地位，关注学生个性化、多样化的学习和发展需求，增强课程适宜性……从有理想、有本领、有担当三个方面，明确义务教育阶段时代新人培养的具体要求。"对照着这段话，我们发现，四季如歌融课程的理念与此不谋而合，这让我们进一步思考：怎样在原先课程的基础上，继续甄选优秀节日与节气，设计与探究新的四季如歌融课程？对已经实施的四季如歌融课程，如何在传承与改进的基础上，可持续地设计与推进？如何做好课程的推广与辐射工作，让更多的学校可以借鉴四季如歌融课程的做法，增强学生对传统文化的认同感，让优秀传统文化在他们心中落地生根？

目录

第四章
夏慧心融课程 //77

第五章
秋孝心融课程 //119

第六章
冬暖心融课程 //175

第七章
课程评价 //195

参考文献 //209

第一章
中国传统节日与二十四节气

节气是生命的礼仪，那些朗朗上口的时令歌，蕴含着古人的大智慧。二十四节气是我国历法中表示自然节律变化以及确立"十二月建"的特定节令，能准确反映自然节律的变化，蕴含着悠久的文化内涵和历史积淀，是中华民族悠久历史文化的重要组成部分，被国际气象学界誉为"中国的第五大发明"，2016 年，二十四节气被正式列入联合国教科文组织人类非物质文化遗产代表作名录。

　　二十四节气蕴含着中华文化深厚的底蕴，博大精深，浸润心灵。

第一节　文件解读

2019 年 6 月 23 日，中共中央、国务院印发了《关于深化教育教学改革全面提高义务教育质量的意见》（以下简称《意见》），这是中共中央、国务院印发的第一个聚焦义务教育阶段教育教学改革的重要文件，是新时代我国深化教育教学改革、全面提高义务教育质量的纲领性文件。《意见》充分体现了中共中央、国务院对义务教育的高度重视和对亿万少年儿童的亲切关怀。《意见》在坚持"五育"并举，全面发展素质教育中指出：完善德育工作体系，认真制定德育工作实施方案，深化课程育人、文化育人、活动育人、实践育人、管理育人、协同育人。大力开展理想信念、社会主义核心价值观、中华优秀传统文化、生态文明和心理健康教育。加强爱国主义、集体主义、社会主义教育，引导少年儿童听党话、跟党走。加强品德修养教育，强化学生良好行为习惯和法治意识养成。打造中小学生社会实践大课堂，充分发挥爱国主义、优秀传统文化等教育基地和各类公共文化设施与自然资源的重要育人作用。强化体育锻炼，坚持健康第一，实施学校体育固本行动。增强美育熏陶，实施学校美育提升行动。加强劳动教育，充分发挥劳动综合育人功能，优化综合实践活动课程结构。这里的"五育"并举是指在现代化教育中通过重视并实施德育、智育、体育、美育、劳动教育，促进人的全面发展。它既是现代化教育国家对人的素质的综合要求，也是现代化教育要能够达到的一个目标。

为落实文件理念精神，学校积极探索并实施四季如歌融课程

2022 年 4 月，教育部印发《义务教育课程方案和课程标准（2022 年版）》，这是贯彻落实党的十八大、党的十九大精神，落实全国教育大会部署，全面落实立德树人根本任务，进一步深化课程改革，以及贯彻习近平总书记提出的努力培养担当民族复兴大任的时代新人的新要求。新修订的义务教育课程立足世界教育改革前沿，描绘了中国未来十年乃至更长时间义务教育阶段学校的育人蓝图。

《义务教育课程方案（2022 年版）》在培养目标中指出：义务教育要在坚定理想信念、厚植爱国主义情怀、加强品德修养、增长知识见识、培养奋斗精神、增强综合素质上下功夫，使学生有理想、有本领、有担当，培养德智体美劳全面发展的社会主义建设者和接班人。

《义务教育课程方案（2022 年版）》还提出五大基本原则，在"聚焦核心素养，面向未来"原则中指出：依据学生终身发展和社会发展需要，明确育人主线，加强正确价值观引导，重视必备品格和关键能力培育。在"加强课程综合，注重关联"原则中指出：加强课程内容与学生经验、社会生活的联系，强化学科内知识整合，统筹设计综合课程和跨学科主题学习。注重培养学生在真实情境中综合运用知识解决问题的能力。开展跨学科主题教学，强化课程协同育人功能。在"变革育人方式，突出实践"原则中指出：加强课程与生产劳动、社会实践的结合，充分发挥实践的独特育人功能。突出学科思想方法和探究方式的学习，加强知行合一、学思结合，倡导"做中学""用中学""创中学"。

这些要求重点体现了三个方面：一是强调素养导向，注重培育学生终身发展和适应社会发展所需要的核心素养，特别是在真实情境中解决问题的能力；二是优化课程内容组织形式，按照学生学习逻辑组织呈现课程内容，加强与学生经验、现实生活、社会实践的联系，通过主题、项目、任务等形式整合课程内容；三是突出实践育人，强化课程与生产劳动、社会实践的结合，强调知行合一，注重引导学生参与学科探究活动，开展跨学科实践，经历发现问题、解决问题、建构知识、运用知识的过程，让认识基于实践、通过实践得到提升。

这样的理念和要求与四季如歌融课程设计目标不谋而合

第二节 中国传统节日

　　中国传统节日，是中华民族悠久历史文化的重要组成部分，形式多样、内容丰富。中国传统节日的形成，是中华民族历史文化长期积淀凝聚的过程。中华民族的传统节日，涵盖了原始信仰、祭祀文化、天文历法、易理术数等人文与自然文化内容，蕴含着深邃丰厚的文化内涵。从远古先民时期发展而来的中华传统节日，不仅清晰地记录着中华民族先民丰富而多彩的社会生活文化内容，也积淀着博大精深的历史文化内涵。

　　中国的传统节日主要有：春节（农历正月初一）；元宵节（农历正月十五）；龙抬头（农历二月初二）；上巳节（农历三月初三）；寒食节（冬至后第105天）；清明节（公历4月4日—6日之间）；端午节（农历五月初五）；七夕节（农历七月初七）；中元节（农历七月十五）；中秋节（农历八月十五）；重阳节（农历九月初九）；寒衣节（农历十月初一）；下元节（农历十月十五）；冬至（公历12月21日—23日之间）；腊八节（农历十二月初八）；小年（农历十二月廿三）；除夕（农历十二月廿九或三十）；等等。

第三节 二十四节气

二十四节气的由来

　　历史上，中国主要的政治、经济、文化和农业活动中心大多集中在黄河流域的中原地区，二十四节气就是在这一地区气候和物候的基础上建立起来的。早在春秋战国时期，中国劳动人民就有了"日南至，日北至"的概念。随后人们根据月初、月中的日月运行位置、天气、动植物生长等自然现象，利用它们之间的关系把一年分成二十四等份，并给每等份起一个专有名词，这就是二十四节气。到战国末期，《吕氏春秋》的十二纪分为《春纪》《夏纪》《秋纪》《冬纪》，标出了季节的变化，明确划分了一年四季。到秦汉时期，二十四节气已经完全确立。

　　二十四节气最初是依据斗转星移确立的，北斗七星循环旋转，斗柄顺时针旋转一圈为一周期，谓之一"岁"。现行的二十四节气是依据地球绕太阳公转轨道上的位置来划分的。两种确立方法虽然不同，但造成斗转星移的原因是地球绕太阳公转，因此两者的时间基本一致。二十四节气表明了地球在公转轨道上的位置和季节、气候的对应关系，是非常科学的，是中华民族悠久历史文化的重要组成部分，表达了人与自然宇宙之间独特的时间观念，蕴含着中华民族悠久的文化内涵。二十四节气不仅在农业生产方面起着指导作用，还影响着古人的衣食住行，甚至是文化观念。自其确立以来一直是我国农业生产的风向标，对当今农业生产仍有指导意义，它还是计算数九、暑伏、春社、秋社等时间点的基准。

二十四节气的具体内容

　　二十四节气是指立春、雨水、惊蛰、春分、清明、谷雨、立夏、小满、芒种、夏至、小暑、大暑、立秋、处暑、白露、秋分、寒露、霜降、立冬、小雪、大雪、冬至、小寒、大寒。节气中的立春、惊蛰、清明、立夏、芒种、小暑、立秋、白露、寒露、立冬、大雪、小寒分别为干支历寅月、卯月、辰月、巳月、午月、未月、申月、酉月、戌月、亥月、子月、丑月的起始。在二十四节气中，反映四季变化的节气有 8 个，分别是立春、春分、立夏、夏至、立秋、秋分、立冬、冬至；反映温度变化的节气有 5 个，分别是小暑、大暑、处暑、小寒、大寒；反映天气现象的节气有 7 个，分别是雨水、谷雨、白露、寒露、霜降、小雪、大雪；反映物候现象的节气有 4 个，分别是惊蛰、清明、小满、芒种。

二十四节气歌

二十四节气歌，是为便于记忆中国古时历法二十四节气而编成的小诗歌，流传有多种版本，下面是其中一个版本。

春雨惊春清谷天，夏满芒夏暑相连；

秋处露秋寒霜降，冬雪雪冬小大寒。

第四节 时代需求

　　文化是要在传承的基础上才能进步的。在多元化的社会背景下，传统文化在当代青少年身上逐渐缺失，许多中国学生热衷于外来文化，看外国动漫，吃外国快餐，过外国节日，年轻一代正越来越远离我们的传统文化。

　　"江陵端午祭"被韩国成功申报为世界文化遗产，这让我们感到惋惜的同时，也反思对优秀传统文化教育保护的缺失，同时也提醒着我们对学生进行优秀传统文化教育的重要性。

　　2006年《国家"十一五"时期文化发展规划纲要》指出：我国将在有条件的小学开设传统文化课，中学语文课增加诗词等的比重，继续完善中华民族始祖的祭典活动，充分发挥春节、元宵节、清明节等传统节日的作用。

　　2012年2月15日，中共中央办公厅、国务院办公厅印发了《国家"十二五"时期文化改革发展规划纲要》，并发出通知，要求各地区各部门结合实际认真贯彻执行，明确提出大力推广中华春节文化的要求，这是对中华民俗文化传承体系的重视。中华民俗文化与中华传统节日的传承方式具有生活化、仪式化的强大生命力与感召力，可以最强烈、最集中、最鲜活地展现出地域的、民族的、时代的节庆特色。国家清楚地认识到文化的传承作用，通过法定保护和广泛举办相关活动，使全民参与的春节、清明节、端午节、中秋节、国庆节，以及元宵节、重阳节和其他传统节日等，成为展示中华文化数千年传承活力的大舞台、大课堂，起到了民族认同、民族凝聚、民族团结，以及增强文化自信，保护民族文化的重要作用。

需要深耕：节气、节日教育不停留在活动层面

　　习近平总书记在党的十九大报告中将中华优秀传统文化从"中华民族的基因、民族文化血脉、民族精神命脉"的高度提出。各个学校对于二十四节气及节日的教育活动都非常重视。如在端午节，学校组织学生体验佩戴香囊、吃粽子、称体重等传统活动；在中秋节组织中秋班会，让学生了解有关中秋的相关习俗、传说等。这些做法都有助于学生加深对节日的认识，但是这些停留在活动层面的教育，与党的十八大提出的"立德树人"的要求，以及与教育部颁布的《完善中华优秀传统文化教育指导纲要》有一定差距。基于此，对中华优秀传统文化的渗透需要从课程设计的角度进行项目式、跨学科、综合性的教学活动。

优化整合：节气、节日教育内容不应呈现碎片化状态

教育部《关于全面深化课程改革落实立德树人根本任务的意见》提出了全面深化课程改革的总体要求，提出实现"五个统筹"的要求。其中，统筹各学科，特别是德育、语文、历史、体育、艺术等学科，充分发挥人文学科的独特育人优势，进一步提升数学、科学、技术等课程的育人价值。同时加强学科间的相互配合，发挥综合育人功能，不断提高学生综合运用知识解决实际问题的能力，这为学科教学发挥育人功能、提高学生科学素养指出了方向。

（1）儿童视角：提升学生综合素养

詹姆斯·比恩在《课程整合与知识的学科》一文中写道："课程整合的核心点是对自我意义和社会意义的探寻，是把课程更加置于生命本体之中。"美国教育家杜威说"教育即生长"，教育是生命成长的必然途径，而四季如歌融课程就让学生以项目化为基点，遵循"面向生活"的理念，尊重学生的个性和兴趣，让学生在"真实的世界"中体验一段段学习旅程，从学生生命成长角度出发，关注个体在学程中的体验，凸显全学科育人功能，最终指向学生综合素养提升。

（2）课程整合：形成整体性思维方式

美国科学家、思想家爱德华·威尔逊在《知识大融通——21世纪的科学与人文》中指出：我们的教育从小学起它就教我们孤立对象（与其环境）、划分学科（而不是发现它们的联系）、分别问题（而不是把它们加以连接和整合）……，这种把知识分割化的做法需要在学校课程变革中加以修正，通过课程融合或整合的方式实现知识的完整性和融通性。因此借助四季如歌融课程，在整体性思维中，促进学生把握好各学科知识的关联，培养学生的整体性思维尤其重要。

（3）任务驱动：进行深度学习探究

美国学者大卫·帕金斯提出"脆弱知识综合征"的概念，他认为学生学到的很多知识只为考试，脆弱而肤浅，他们很难把自己学到的知识有机统整，运用到自己的生活中去。而四季如歌融课程就是以节气、节日为载体，通过开放的问题，让学生在探

究一个个真实问题中综合运用多学科知识；通过有趣的内容，在不知不觉中吸引学生学习；通过挑战性任务，激发学生探究欲望，引发学生思维碰撞，促进学生深度学习。

可见，"整合"已成为课改的关键词。学校在推进四季如歌融课程时，需要把这些割裂的、碎片化的活动内容，聚焦大概念进行结构化整合，能以一个主题融合多学科开展项目式学习，增加学生自主探究学习、实践的机会，让教学更多留白，给学生提供更多自主实践、探究、发展的空间，促进学生在感同身受的学习中掌握有生命力的、个性化的、活化的知识。

提升素养：弥补日常教育教学核心素养形成的不足

教育部《关于全面深化课程改革落实立德树人根本任务的意见》提出了全面深化课程改革的总体要求，提出要加强学科间的相互配合，发挥综合育人功能，不断提高学生综合运用知识解决实际问题的能力。但在日常教学中，每一门学科教学内容都要在 40 分钟课内学完，这样短时学习很难让学生有融学科学习的机会，他们也难以真正经历合作、探究、调查、思辨等一系列有利于学科素养形成的机会，学生的观察能力、创新能力、科学的探究精神、学习的恒心和毅力等都难以落实培养。而四季如歌融课程正是让学生在一段段学习经历中，不断去弥补日常教育教学中核心素养形成的不足。

第二章
四季如歌融课程构想

"四季"原指春、夏、秋、冬四个季节，"四季"是自然界的四季，也是生命的四季、成长的四季。

　　"四季如歌"形容的是时光流逝的优美。它仿佛是一首交响乐，有春的蓬勃，夏的热烈，秋的成熟，冬的深沉。让倾听者感受季节的变迁，体验四季的变换。

　　四季如歌融课程从学生的视角审视和践行教育理念，以中国传统节日或节气为主题融合多学科教学，尝试打破学科界限，实现课程的育人功能。

第一节　融合课程

融合课程也称合科课程、融课程，形在"融"，意在"合"，它不仅仅是名词意义上的融合，更是动词意义上的互动生成，是要突破僵化的课程界域，冲击单一的课程形态，呈现出生态化、开放性、发展性、互创性、共享性的课程。一般来说，在学校的课程表上各门学科都是"各自为政"，而融合课程则利用跨学科的课程形态，打破学科壁垒，形成知识和学科的融合。

融合课程最早见于英国哲学家怀特海的倡议。1912 年，怀特海曾主张将现代历史与数学结合起来，称为"统计社会分析"。到 20 世纪 30 年代以后，在欧美的大中小学课程中，融合课程已较普遍。在欧美当代大学的融合课程中，最引人注目的是由生物学和物理学合并而成的"生物物理学"，70 年代中期开始出现"社会生物学"，可见融合课程广为应用。

2018 年 5 月 11 日—13 日，"立足传承　面向未来——二十四节气"课程联盟在京发起，活动期间，与会专家和教育工作者共同发起了"二十四节气课程发展联盟"，明确二十四节气是跨民族、跨地域、跨意识形态、跨宗教的多学科非物质文化遗产，倡导立足传承、面向未来的创新教育。另外很多学校关于二十四节气及节日的活动都在进行，这些节气及节日，是传承和弘扬中华优秀传统文化和精神的有效载体，蕴含着丰富的育人资源。

四季如歌融课程是基于多学科的融合课程

第二节　四季如歌融课程

　　四季如歌融课程秉承"适性滋养　灵动生命"的理念，在项目化指引下，通过多学科融合，打造可观、可感、可触、可听的融课程架构，使学生通过自主学习、合作学习、探究学习等多种方式，让融课程有了更新的研究价值。课程的内容来源于一年四季中优选的节气或节日，每个课程以一个节气或节日为载体，是节气或节日文化与学科的跨学科、融合性尝试，从跨知识、跨方法到跨观念，以育人功能为统领，打破学科界限，把多学科课程融合在一起，找到学科之间、知识之间、知识与生活之间的联系，促进学科间相互渗透、交叉，使知识维度多元化、学习空间立体化，构建满足学生需要，具有衔接性、基础性和融合性特征的课程。它基于整体教育论、整体知识观以及全面发展教育等理念，着眼于学生生命的个性成长，以学生经验的完整性为逻辑起点和价值归宿，以项目化为基点，引导学生综合地、关联地运用学科知识探究真问题，实现融会贯通的学习，让学生带着学习意向，体验一段段学习旅程。课程学习由校内和校外两部分组成，校外课程的实施，有效构建了纵横交织的家校共育生态圈，且课程学习有机融入学科育人、课程育人等思想，使之扎根于立德树人的价值理念。

> 四季如歌融课程，旨在使节气、节日教育从活动视角转向课程视角

一、四季如歌融课程设计理念

　　有一种学习，想让今天的学生具备更全面的能力，去应对未来的生活。四季如歌融课程就是以节气、节日为载体，让学习回归生活。课程借助主题学习活动为学生搭建广阔的探究、学习平台，使学生的学习从书本中解放出来，在其参与的生活课堂中获得更为丰富的知识经验。课程培养目标重点指向核心素养的落实，将核心素养落脚点定位于"人"，是知识、技能、情感、态度和价值观在更高层次的整合与提升，直指培养全面发展的育人目标。同时，在融课程学习中又让中华民族几千年形成的节

气、节日的优秀传统文化精华，得以传承和发扬。

1.家校联合，同频共振

在四季如歌一系列融课程中，很多内容学生都是在课后、在家中进行，比如访谈长辈、查找资料、开展调查研究、小组合作学习、与家人共同过节等，旨在立足学校教育的同时，努力促进四季如歌融课程与学生生活紧密结合，同时，通过引导学生走向社会、注重实践体验，改变学习方式，把优秀传统文化渗透到家庭中的每一位成员，让他们也进一步感受优秀传统文化的熏陶。

2.增长见识，提升学科素养

简单地复制、记忆、理解和掌握是不能形成素养的，要提升学科素养，需要通过学科活动对学科知识的加工、消化、吸收，以及在此基础上的内化、转化、升华。四季如歌融课程就是基于学生立场，通过课程的中心主题，周密设计课程的逻辑主线，聚焦学生实践，并借助项目式、研究性学习等，让学生走进家庭、社会、超市、社区、大自然等，拓宽学生视野，提高学生信息处理能力、合作能力、实践能力、探究能力、创新能力等，进而提高学生合作交流、问题解决、自主学习等能力，去弥补课堂学习的不足，为学生的幸福人生奠基。

二、四季如歌融课程目标建构

课程教学，是学校教育中一种最基本、最重要的形式，学校的育人职能，教育立德树人的根本任务，在任何时候，都无法在脱离课程教学的状态下获得完美实现。课堂教学中的立德树人应以知识为载体，具体地体现在教学内容与过程之中。四季如歌融课程就是基于学科、重视学科、从学科出发，"融—联—研—评"一体化，聚焦学科本质，融合道德与法治、语文、数学、科学、音乐、体育、美术等学科学习，在"授业""解惑"之中悄无声息地融入"传道"，实现从课程知识学习转变到素养提升上来，让学科育人功能根深叶茂。四季如歌融课程目标建构见图2-1。

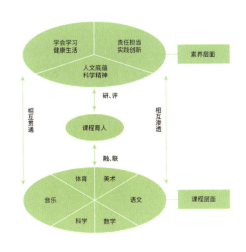

图 2-1 四季如歌融课程目标建构

1. 改变学生学习方式

教育是生命成长的必然途径。四季如歌融课程建设从学生生命成长角度出发，与学生生活实际紧密联系，让学生在真实情景中基于主题统整下开展项目化、探究式学习，在课程中学习获得知识的路径与方法，为学生生命成长提供有力支持，使他们的综合素养得到最大程度的发挥和延伸。

2. 培养教师教科研能力

四季如歌融课程的研究，让科研回归教师真实的教育生活，并成为教师专业成长的坚定的行走方向。借助学术讲座、专家即兴点评、现场答辩沙龙三个层级，帮助教师拓展科研思维，打通教师与课程、课堂、课题研究的互通渠道，提升教师多渠道利用节气与节日文化开发四季如歌融课程的载体、路径、评价等能力。

3. 促进学生核心素养可持续发展

四季如歌融课程结合"学有恒、行有礼、好思乐创、互学共长"的培养目标，也就是培养学生具有"学习的恒心和毅力，行为表现礼貌谦恭，善于思考创造，同伴间互助合作共同成长"的目标，通过"形成优秀品格、卓越能力，增强艺术素养，强健体魄"来发展学生核心素养，并且这些素养之间不是割裂的，而是相互联系的，只是在不同的课程中侧重点有所差异，见图 2-2。

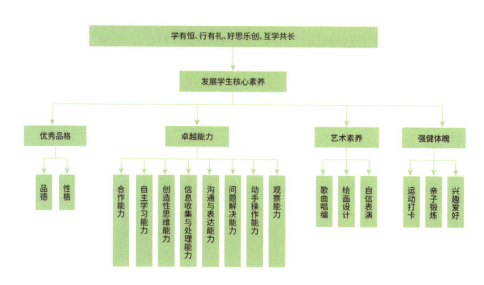

图 2-2　四季如歌融课程核心素养

三、四季如歌融课程内容开发

四季如歌融课程遵循"五育"融合的思想，以培养德、智、体、美、劳全面发展的人为目标，以知识、社会活动、活动经验为融合本位，并用项目化学习推进，开发具有学用结合、注重过程探究体验的课程内容。在课程开发中，建立多元智能教学团，组建教师共同体。在内容选择上，结合学生在校学习期间，在一年四季中筛选有代表性的、能找到多学科融合点的节气或节日，采用"1"个节气或节日整合多学科，打破固定课程教学安排，形成新型的、可行的、稳健的在同一天内或者历经一段时间的融合课程教学模式，为学生的发展提供多维方向和可能性。四季如歌融课程是立体的、开放的，而不是平面的、封闭的，是学用结合、注重过程探究体验，为学生的成长与发展开辟通道的课程。这样课程的开发，积极营造出学生向往的融合课程的学习氛围，并确保在一个学期中有1—2个综合性的项目化融合课程。课程路径设计实施操作框架图见图2-3。

图 2-3 四季如歌融课程路径设计与实施操作框架图

各个学科在内容设计中，参考《追求理解的教学设计》一书，从学习结果开始，"以终为始"逆向思考，从"确定预期结果、确定合适的评估证据、设计学习体验和教学"进行学科设计，这样目标指向明确，操作流程清晰，课程学习达成度更有保障。具体教学设计单如下。

预期结果	
所确定的目标：	
理解： 学生将理解……	**基本问题：** 什么样的启发性问题能够促进探究、理解和学习迁移？
学生能够做什么？ 学生将会获得哪些关键知识和技能？ 习得这些知识和技能后，他们最终能够做什么？	

评估证据	
表现性任务证据： 学生通过哪些真实的表现性任务证明自己达到了预期的理解目标？ 通过什么标准评判理解成效？	**其他证据：** 学生通过哪些其他证据（例如：学习单、调查研究成果、项目式学习、学习成果、汇报表演）证明自己达到了预期结果？ 学生如何反馈和自评自己的学习？

教学设计

1. 精选节气或节日

在我国有二十四节气，春节、元宵节、清明节、端午节、中秋节等传统节日以及植树节等节日，特别是二十四节气离学生的生活很远，很多学生都不清楚具体有哪些，对于这些节日，学生也很少去挖掘每个节气或节日背后所蕴含的深刻意义。基于此，综合学生在校学习，开展春季、夏季、秋季、冬季四大系列七大课程。

2. 建立四季如歌融课程内容体系

四季如歌融课程，遵循一年四季，分为春润心融课程、夏慧心融课程、秋孝心融课程和冬暖心融课程。课程精选了植树节、清明节、谷雨节气、端午节、中秋节、重阳节、冬至节气这 7 个节日或节气内容，设置了以下课程："云端飘来护绿歌"植树节融课程、"又见心中杏花村"清明节融课程和"种枚党徽献给党"谷雨节气融课程，这组课程是期待美好春天，体现春意盎然、生机勃勃的生命成长，以及凝聚民族精神，传承中华文明祭祀文化和向建党100周年献礼的爱国爱党课程；"粽叶飘香五月五"端午节融课程是尊重历史传承文化的课程；"皎皎明月诉团圆"中秋节融课程和"九九浓浓敬老情"重阳节融课程是体现感恩祝福、期待团圆美好愿望的课程；"冬来翘首盼春归"冬至节气融课程是体会冬去春来、心向阳光的暖意，感受万物复苏、生命成长的课程。

每个课程都从课程设计、教学案例、具体实施、目标进阶式评价等方面形成相关的策略与材料，赋予四季如歌融课程可持续发展的动力和丰富的内容，最终形成富有特色的、开放的、便于传承与创新的七大课程，见图2-4。

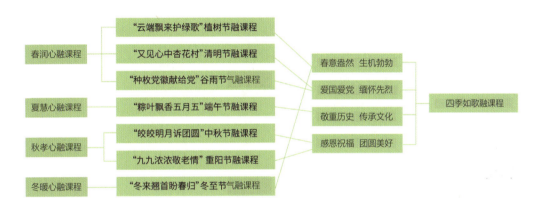

图 2-4　四季如歌融课程内容框架图

四、四季如歌融课程评价

1. 课程评价

四季如歌融课程开设是否可行？在每一次融课程开设前先进行评价研究，主要从课程的科学性、内容选择的有效性、学习方式的合理性等方面进行客观分析、研讨，从而全面、深入地对课程进行综合评价，便于科学地进行融合课程学习研究，见图2-5。

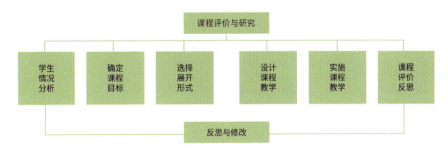

图 2-5　四季如歌融合课程评价

2. 学生评价

对学生学习评价的目的是全面了解学生学习的过程和结果。科学评价可以激励学生学习，改进教师教学。四季如歌融课程评价以核心素养为导向，建立目标多元、方式多样、重视过程的评价体系，全面评价学生在核心素养各方面的综合表现。并且在评价学生每一个方面表现的同时，注重对学生学习过程的整体评价，分析学生在不同阶段的表现特征和发展变化。例如，对学生主动参与学习活动，分析问题和解决问题，独立思考与合作交流能力，有条理地表达自己的思考过程，有意识地对自己的思考过独立思考与合作交流能力，有条理地表达自己的思考过程，有意识地对自己的思考过程进行反思等方面进行评价。对学生学习评价的主体也不只是教师，还有家长、同学及学生本人，最终采用综合运用教师评价、学生自我评价、学生相互评价、家长评价等方式，对学生的学习情况进行全方位的评价，同时合理呈现和运用评价结果，提高学生学习兴趣，促进学生核心素养的发展。

第三章
春润心融课程

春，代表着温暖、生长。

春季，阴阳之气开始转变，万物随阳气上升而萌芽生长。

春天，是美好的季节，是充满诗意的季节，是富有生命力的季节，也是美丽、神奇、充满希望的季节，意味着一切生机勃勃的开始。

润心，其含义是滋润人的心灵。

春润心融课程，是生命对生命的唤醒。旨在通过滋润学生的心灵，在学生的心灵中播撒爱，培植善，点亮光，启发他们的智慧，铸造他们的品格。

第一节 "云端飘来护绿歌"植树节融课程

一、话说植树节

植树节是按照法律规定宣传保护树木，并组织动员群众积极参加以植树造林为内容的活动的节日。植树造林不仅可以绿化和美化家园，还可以起到扩大山林资源、防止水土流失、保护农田、调节气候、促进经济发展等作用，是一项利于当代、造福子孙的宏伟工程。

我国的植树节由凌道扬、韩安、裴义理等林学家于1915年倡议设立，最初将时间确定在每年清明节。1928年，国民政府为纪念孙中山逝世三周年，将植树节改为3月12日。1979年，在邓小平提议下，第五届全国人大常委会第六次会议决定将每年的3月12日定为植树节。2020年7月1日，新修订的《中华人民共和国森林法》正式实施，将植树节正式写入法律。

树木对于人类的生存，对于改善地球的生态环境，都起着非常重要的作用。植树节的设立是为了倡导人民种植树木，鼓励人民爱护树木，提醒人民重视树木。提倡通过这种活动，激发人们爱林造林的热情、意识到环保的重要性。我国植树节节徽由绿色的树和"中国植树节""3.12"组成。绿色的树表示全民义务植树3至5棵，人人动手，绿化祖国大地；"中国植树节"和"3.12"，表示改造自然，造福人类，年年植树，坚韧不拔的决心；五棵树可意会为"森林"，而连接着的外圈，代表以森林为主体的自然生态体系的良性循环。

二、课程背景

2020年初，各个学校开启线上教学，我校推出"春节温暖时光指南"系列活动，从学校和老师角度通过"这个春节不一样"给学生在家学习、生活、劳动、锻炼以指导，又通过"我型我秀"以班级为单位把学生在家的学习、生活、劳动、锻炼分享给全体学生，还将线上辅导与线下自学相结合，指导学生有效利用休闲时光学知识、长技能、增本领，为迟到的"开学"缓解压力。

学校按照课程表每周一至周五进行线上教学，而 3 月 12 日植树节那天是周四，是线上教学的日子，我们认为生命教育、环保宣传教育、普法宣传教育、责任担当意识培养等主题教育急需渗透，"云端飘来护绿歌"植树节融课程便由此而生，此课程适合一至三年级的学生。

三、课程目标

1. 以童话故事为串联，融合语文、数学、科学、音乐、体育、美术学科，帮助学生理解植树节意义，渗透生命教育、环保理念、普法宣传教育、责任担当意识，促进多学科融合，提升学科育人功能。

2. 通过融课程设计，锻炼教师团队的课程开发能力、合作能力，提高教师线上教学能力。

3. 落实学科素养，体验成功的乐趣，感受生命成长的意义，培养学生探索精神，增进师生、亲子感情，提升学生运动能力。

四、课程主题词

生命　希望　爱

五、课程总体设计

这是一个以童话人物"小豆芽"为线索，串联多学科内容的学习视频 (见图 3-1)：小豆芽从沉睡中醒来，小小的生命蕴藏着神奇的力量。在童话乐园里，小豆芽玩转数学，其乐无穷。小豆芽的笑声叫醒了春姑娘，于是一场春天的音乐会开始啦！小豆芽唱着歌，跳着舞，和小花、小树一起快乐成长。小豆芽有一个很美很美的梦想，他希望春暖花开日，人们能赏花踏青，健康相伴；他希望春天的校园书声琅琅，孩子们的笑声四处飘荡；他还希望……。

图 3-1　植树节融课程微课视频截图

六、课程实施

1. 认识植树节

在一个多月假期生活后，学生渴望回到校园，渴望看到老师、同学。课程一开始就以欢快的乐曲伴随着久违的校园美丽风景的呈现（见图3-2），激发学生对校园、对学习的向往之情。

图 3-2 校园风景

看着这样美丽的风景，小豆芽出场了，并不由得发出感慨。

：哇，校园好美啊！今天是 3 月 12 日，是中国植树节，这是一个播种希望、吹开梦想的好日子。你知道植树节节徽的意义吗？中国植树节节徽由绿色的树和"中国植树节""3.12"组成，树形寓意着人人动手，绿化祖国大地，五棵树寓意着森林，绿化祖国，实现良性循环（见图 3-3）。人人都种一棵树，那就种成大森林啦！

图 3-3 小豆芽及中国植树节节徽

：习近平总书记说，绿水青山就是金山银山。在这欣欣向荣、生机勃勃的春日，是我们要走出家门，植树踏青，用行动来爱护环境的特别日子。我们深刻地认识到，要多种树不砍伐，保护环境爱自然，把森林大家园留给野生动物朋友们。同学们，小豆芽要带上大家过一个别具一格的植树节（见图 3-4）。

图 3-4 小豆芽倡议

2. 学法、守法

：同学们，小豆芽是个响应国家号召，遵纪守法的好公民。遵纪守法是我们必须遵守的基本行为准则，我们每个同学都要有法治意识，既保护自己又保护他人。

3. 科学课——种植小豆芽

🌱：同学们，小豆芽要请科学老师来帮忙找找小伙伴，教你们在家里就能种出好多个我。

科学老师：亲爱的同学们，家里没有小伙伴，很寂寞吧？小豆芽也很无奈，今天老师要带大家来唤醒小豆芽，大家一起来一场奇妙的旅行吧！种植小豆芽需要做如下准备（见图 3-5），小豆芽七天会有大变化哟！

图 3-5　小豆芽七天变化图

学习要求：观察小豆芽的成长过程，完成"小豆芽发芽生长过程观察记录表"，见表 3-1。

表 3-1　小豆芽发芽生长过程观察记录表

日期	观察情况描述	拍照或画图记录	我的思考

设计理念：

　　树木对于人类的生存，对于地球的生态环境，都起着非常重要的作用。学生在家里时，虽然无法外出参加植树造林活动，但是爱护自然、爱护环境、感悟生命成长的意义不会因为时空的局限而弱化。种植小小的豆芽，是每一个学生都能够做到的。以小豆芽的种植活动代替植树活动，学生能完整经历小豆芽成长的全过程，在种植与养护的过程中，能鲜明地感受到小豆芽的生长与变化，并把小豆芽的成长过程，通过观察、测量、记录、绘画等方式记录下来。这样的实践学习活动，不仅仅是完成一个任务的布置，更是为了培养学生的种植理念，以及仔细观察、细心养护、观察记录的能力。其间，学生也感受到了生命的成长过程，理解了生命教育理念，也使学生在家的日子过得更加充实与快乐。

4. 音乐课——学唱《小雨沙沙》

　　🌱：刚刚种下的小豆芽还没有变化呢，同学们猜猜，谁能唤醒沉睡中的小豆芽呢？对啦，是《小雨沙沙》。那我们赶快去请会魔法的音乐老师召唤《小雨沙沙》，加快小豆芽的生长吧！

　　音乐老师：嗨，小豆芽们，欢迎来到春姑娘的音乐会。看，春雨姐姐也来了，让我们一起唤醒更多的小伙伴，加入这次春天的盛会吧。

　　老师弹、唱教学《小雨沙沙》，并加入律动。

　　学习要求：跟着视频一起学唱歌曲，一起律动，建议和爸爸妈妈一起做，把自己的学习过程用视频录制下来。

设计理念：

　　春天是万物苏醒、小草萌发的时候，正是因为有春雨的滋润，大地才显现出一片春意盎然的景色。因此，学唱歌曲《小雨沙沙》，能让学生知道植物生长需要雨水的滋润这个科学常识，跟前一节科学课有效衔接。学生在跟着歌曲律动的过程中，感受自己似乎就是一株小豆芽，在春雨的滋润下慢慢成长。并且，在与爸爸妈妈共同学唱、律动的过程中，家庭中呈现一片热闹、愉悦的氛围。

5.数学课——研究植树问题

: "新年都未有芳华，二月初惊见草芽。"小豆芽发芽啦，抬眼望，"几处早莺争暖树，谁家新燕啄春泥"。同学们，跟着小豆芽我一起逛逛数学乐园吧！今天是植树节，就让我们一起来研究植树问题吧！

数学老师：

①在一条长24米的小路一边种树苗，每隔4米种一棵，一共需要几棵树苗？

学习活动：想一想、画一画、说一说

你想到了哪几种情况呢？让我们一起来看看吧。（见图3-6）

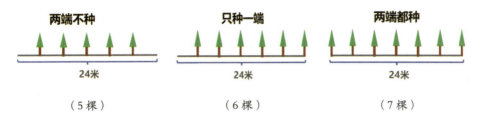

图3-6 小路一边种树图

②如果在长24米的环形小路上种树苗，每隔4米种一棵，一共需要几棵树苗？

学习活动：想一想、画一画、说一说

这次你想到的方法是怎样的？让我们一起来验证一下吧。（见图3-7）

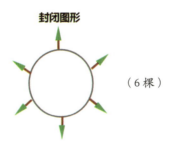

图3-7 环形小路上种树图

想一想：这题种树的结果与上面哪一种种的棵数是一样的，你知道为什么吗？

学习要求：完成如下植树问题学习单。

第一关：在一条长27米的马路一边植树，每3米种1棵，两端都种，一共要种（　　）棵。（请你画一画或算一算）

第二关：在一条长 27 米的马路一边植树，每 3 米种 1 棵，一端种，一端不种，一共要种（　　　）棵。（请你画一画或算一算）

第三关：在一条长 27 米的马路一边植树，每 3 米种 1 棵，两端都不种，一共要种（　　　）棵。（请你画一画或算一算）

第四关：在一个 27 米长的圆形花坛边上放盆栽，每 3 米放 1 盆，一共可以放（　　　）盆。（请你画一画或算一算）

设计理念：

在植树节，研究植树问题，不仅让学生对植树节这个节日有感悟，还从数学学科上对植树问题进行探究，让学生感悟数学与生活的联系，体会用数学知识解决生活中实际问题的乐趣。课程中呈现的第一个问题，是一个低门槛、大空间、分层性的问题，对一至三年级的学生来说，他们可以根据自己已有的知识经验，通过画图或列算式解决问题，并且对三种可能性，不同的学生也能根据自己的能力去解决一种、两种或者三种。第二个问题的呈现把学生的思维从直线转移到封闭图形上来，让学生观察图形进行前后对比，帮助学生理解在封闭图形上种树与一端种、一端不种的结果是一样的。这样的学习活动，有自主探究学习，有画图表征，有说理验证，让植树节从种植活动转到思维活动上来。

6. 体育课——玩"植物蹲"游戏

：一棵树，一行树，数学乐园植树忙。同学们，我们找体育老师玩游戏去啦！

体育老师：同学们，今天是植树节，植物王国好热闹呀，你能说出几种植物名称？请和爸爸妈妈或其他长辈一起来玩个游戏吧。游戏规则如下：参与者并排站立，按照顺序依次在 5 秒内说出一种植物并深蹲一次，如果在 5 秒内没有回答出来，那么就需要深蹲 5 次，结束后可以继续游戏。如果游戏过程中出现了重复的植物，就请再深蹲 5 次。

设计理念：

假期宅家的日子运动是必不可少的。学生经过植树问题的探究后，需要通过体育活动劳逸结合，进一步来开展线上学习。怎样让学生既愿意运动又有兴趣？因此，我们安排了围绕植树节关于植物的游戏话题，设计了"植物蹲"的游戏。在游戏过程中，要在5秒内说出植物名，这是一次短时紧张思维，能锻炼学生记忆能力及思维的灵敏度。学生在锻炼身体的同时，他们的表达能力以及对植物的记忆能力也得到培养，这也是融课程倡导的多学科融通的理念。游戏要求亲子共同进行，让父母以及其他长辈一起感受室内运动的乐趣，提高了家校共育的合力。并且这样的游戏活动可以随时随地进行，也为学生、家长创编类似的游戏提供了范例，比如把植物改成食物、花卉等，为学生宅家的运动时光增添一抹色彩。

7. 语文课——诗朗诵"春天的愿望"

：亲爱的同学们，你们很久没有看到老师，听到老师的声音了吧，今天，小豆芽邀请到了全体语文老师为大家读诗，你们是不是特别期待呀！

全体语文老师：今天是植树节，小豆芽们，如果有机会去种植一株植物，你会想要种下什么呢？有位诗人说："我希望种一棵苹果树，因为苹果树寓意团圆美满。我会为它剪去多余的枝叶。修剪它，也修剪自己。时光荏苒，静等花开。干净的枝条，要结更多的果子。"

让我们和诗人一起，种下一棵愿望的树吧！跟随诗人的脚步，我们一起寻春、迎春，和春天对话。

语文老师在不同的场景下读诗，有《迎春》《青草和寂静》《亲爱的三月，请进》，这三首诗分别从不同的春日时节展示不同方面的春。

学习要求：跟着老师们一起诵读这三首关于春天的诗，自己再找两首关于春天的诗读一读，与家人一起分享。

设计理念：

春来正是读书天，读诗更应景。而阅读是语文学科的主旋律，在植树节这一天，在明媚的春光中，全体语文老师合作完成三首关于春天的诗歌的朗读。他们不同的诵读风格让学生感受诗歌多元的朗读技巧。学生听这些优美的诗歌，感受到春天风景之美、春天色彩之斑斓、春天芬芳之浓烈、春天赏花踏青之美好，也感受到春天书声琅琅之美妙。听、读这些诗，也为学生埋下一颗诗人的种子。而全体语文老师的亮相，更是为学生送上假期意外的惊喜。另外学生自主寻找春天的小诗，也是传递老师们的愿望，希望学生多读诗书，用诗词等有韵律的文字浸润心灵、拓宽阅读视野，希望学生喜欢阅读、爱上阅读。

8. 美术课——制作心愿瓶

🌱：我也有一个春天的愿望，在春暖花开的日子里，去赏花去踏青，我们能和亲爱的小伙伴、敬爱的老师一起学知识长本领，建设伟大祖国。你们的心愿是什么呢？看，美术老师来啦，让我们跟着他一起许下大家的心愿吧！

美术老师：同学们，我想大家都有一个共同的心愿，就是打败病毒，让我们一起来学习制作心愿瓶吧。

老师示范画、剪、贴等手法，画心愿树，表达全体师生的美好心愿。

学习要求：通过画、剪、贴完成一个心愿瓶的制作，也可以多做几个心愿瓶完成一棵心愿树。（见图3-8）

图 3-8 心愿瓶制作图

设计理念：

病毒面前，人人都希望自己是白衣天使，能打败病毒，保护人们的身体健康。做心愿瓶是以"艺"战病毒为主题的美术课程。教师用水粉颜料画心愿瓶，用水彩笔画针筒、病毒和药丸，并且把病毒的表情画得很难受，最后把它们剪下来拼贴在心愿瓶上。在拼贴的过程中注意构图，让学生一看就能发现病毒很怕针头和药丸，病毒非常狼狈。最后又用多个心愿瓶做成一棵心愿树。这样的学习过程，不仅让学生增强欣赏美的能力，更是寄托着学生对打败病毒的美好向往，给学生搭建向往美、创造美、传递温暖、传递爱心的平台。

9. 合种公益树

🌱 ：人从众团团圆圆，木林森郁郁葱葱。山水林湖田，都是大自然对人类的恩赐，木为自然本色，感恩自然，保护自然，理应是我们的本心。在这春之伊始，万木生发的时节，我们宅家时应不忘追求绿色时尚，共同走向绿色文明。

学生们：用心呵护刚刚种下的小豆芽，让绿色生命陪伴我们经历"云想课堂"，共享成长的日子！

老师们：相约 3 月 12 日 13 时 12 分，一起在群里合种"公益树"，云享每日的成长，云想一起种树的时刻！

设计理念：

十年树木，百年树人。我们不仅要引导学生参与植树志愿服务，培养热爱自然、珍爱生命的生态意识，体验绿色发展理念，作为教师更要以身示范，使公民履行植树义务成为一种自觉。而在家期间，学生通过种植小豆芽培养植绿、护绿的意识，教师则在钉钉群里合种"公益树"，这也是一种凝聚团队合作力的方式，通过云上护绿，共建美丽中国。

七、学生学习

课程视频可以让学生在家中进行学习。家长把学生学习的视频、照片、学习单等都发给老师，而老师又在第一时间反馈并给学生点赞。学生在宅家种植豆芽的多学科学习中，渐渐明白用耐心、细心、爱心、恒心，终会见证成功。苗木成树，是因为我们做了对的坚持，而学生也表达了对学校老师的想念，对课程学习的喜爱。

1. 学生心声

今天的学习真有趣，就像听了一个童话故事：睡了很久的小豆芽终于从睡梦中醒来了，可是它一个人太孤单了，在科学老师和同学们的帮助下，它找到了自己的同伴，于是它们就相约去外面看看。它们遇到了春雨姐姐，在春雨姐姐的浇灌下茁壮成长。看，音乐老师正在施展魔法，大家一起演绎《小雨沙沙》。它们继续去游玩，发现数学乐园太奇妙了，小豆芽们玩得不亦乐乎。它们研究了植树问题，并叫上爸爸妈妈一起玩"植物蹲"的游戏。它们还邀请到了全体语文老师，听，他们正在为三月读诗："她从青青的草色中来了，从漉漉的水声中来了，从拂拂的微风中来了……"小豆芽们还想知道同学们有什么愿望，于是大家跟着美术老师把战胜病毒的心愿画进心愿瓶，传达出自己的美好愿望！

我想念校园里的一草一木，想念亲爱的老师和同学们。我希望可以和老师、同学见面，这样我又可以和他们一起上课、跑步、做游戏了！

这堂课太有趣了！课堂上，我成了一株小豆芽，跟着科学老师做实验，和音乐老师一起唱歌跳舞，听语文老师朗诵诗歌，跟着美术老师画心愿瓶！我明白了保护树木人人有责，要多植树造林，不能随意砍伐！

通过云想课堂我照样学到了很多知识，今天虽然只能在网上看到许久没有见到的学校和老师们，但我相信我们快要见面了，因为春天来了。今年植树节我一定要亲手种下一棵小树，因为一片绿色撑起一片蓝天，加油！

我在今天的云想课堂中一共见到了16位老师，看到老师们我感觉特别亲切。我期盼着寒假快快结束，让我们在春暖花开的校园再见，回到书声琅琅的课堂，在知识的海洋里徜徉。

今天真的好开心，因为在唱《小雨沙沙》的时候妈妈跟我一起唱了，原来妈妈也会唱这首歌，她唱得真好听。在玩"植物蹲"之前，我在网上搜索了很多植物的名称，玩的时候和爸爸、妈妈、爷爷、奶奶一起，因为我提前准备、胸有成竹，最终我赢了，我真开心！我画的心愿瓶也很漂亮，爸爸妈妈都夸奖我，妈妈还把它贴在我们家的门上，她说这样病毒就不会来我家了，哈哈……

2. 科学学习

每一个学生都认真种植小豆芽，并细心观察小豆芽发芽、生长的过程。很多学生采用拍照或绘画的方式记录小豆芽的生长过程，对小豆芽细心呵护，比如及时浇水，把它搬到户外去晒太阳，并描述小豆芽每天的变化，看到长出第一片叶子时的欣喜，看到它们一天天成长的美好心情，等等。在参与用心呵护小豆芽生长的过程中，学生有了爱心，也有了对生命成长的美好感悟，他们的观察能力、记录表达能力、绘画能力、责任心也得到培养，并且有效缓解了他们宅家学习的课业压力，能让他们体验种植过程的乐趣，感知小豆芽的习性，了解在培植的过程中，水、光照等都会影响植物生长。在陪伴小豆芽慢慢生长的过程中，学生们的责任心、持之以恒的品质得到培养。学生展示的小豆芽种植过程见图3-9。

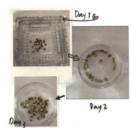

图 3-9 小豆芽种植过程

3. 音乐学习

对《小雨沙沙》这首轻快愉悦的歌曲，学生们都非常喜欢。他们跟着乐曲演唱，或者自己弹着钢琴自伴自唱，还有一些同学利用家里的水杯、勺子、筷子等自制打击乐器，边打节奏边演唱，并且完全融入自己的感情，把"小雨沙沙飘落、种子悄悄说话，以及种子要长大的愿望"都根据歌曲意境融入歌曲演唱中。同时每个学生根据自己对歌曲的理解和想象，创编了动作，有些学生还和家长一起进行，一人扮演种子，一人扮演小雨。学生在模仿、律动、欣赏体验、游戏等一系列活动中，感受歌曲意境，丰富情感体验，发现大自然的美、乐曲的美，增强了他们学唱歌曲的兴趣以及与家长合作的能力，融洽了亲子关系。学生学唱见图3-10。

图 3-10 学生学唱《小雨沙沙》

4. 数学学习

在植树节这一天里研究植树问题，让学生对植树节有了更进一步的认识。因此在解决植树问题中，低年级学生都通过画图的方式来表征，有画树的、画线段图的，也有画图加列式的，这样的学习方式都是学生自主思考、自主表达的表现，从他们画图中不难看出，对于抽象的植树问题，给学生适当的情境以及解决问题的思路，学生是能够自主探究并解决问题的，而且数形结合、有理有据。（见图3-11）

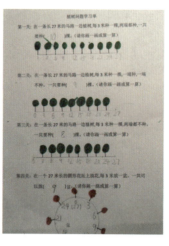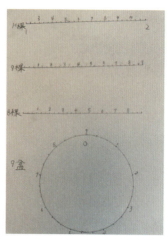

图 3-11　学生解决植树问题学习单

5. 体育学习

正如课程设计之初一样，学生非常喜欢玩"植物蹲"这个游戏。这样的游戏一个人是无法进行的，因此他们和爸爸妈妈、爷爷奶奶等长辈一起进行游戏活动，增加了与家人的互动。有很多学生为了赢得游戏，他们先搜索、学习认识了很多植物，这也激发了他们认识大自然、探究植物的兴趣。还有学生参照"植物蹲"的游戏规则，将每一个人命名成一种树，比如苹果树、杨梅树、桂花树等，全家一起在欢声笑语中玩这个游戏。这样的运动锻炼了学生的反应能力和团队合作能力，让参与游戏运动的每个人都在愉悦的氛围中享受运动带来的乐趣，让亲子关系变得更加融洽。（见图3-12）

图 3-12　学生居家运动游戏

6.语文学习

有关春天的诗的诵读，带给学生一幅幅春意盎然的画，一句句诗就像是一个个电影镜头，把学生带入春天的画卷中。学生在诵诗的过程中，感觉春天已经不知不觉来到了身边。他们或在家中声情并茂朗读，或在明媚的户外朗读，或者配乐来朗读，有些学生还加入动作，把无声的文字作品转化为有感情的音符、形体语言来表现（见图3-13）。这样的学习活动，学生不仅加深了对赞美春天优美语句的理解，扩大了知识面，还增强了记忆力、语言文字能力和审美能力。在口、脑、心、眼、耳、手等器官的协调配合中，他们不断体会、理解诗歌的意境与韵味，唤起美感、想象力和表现力，提升了自信心。也有学生模仿着去创作春天的小诗，这对提升学生学习语文的兴趣以及写作能力都有一定的帮助。

图3-13 学生朗诵关于春天的诗

7.美术学习

面对病毒，学生有着各种心愿。有他们根据自己的生活经验，用无限创意表达对战胜病毒的心愿的，比如白衣天使在消灭病菌，还有学生创造出一种能自动消灭病菌的喷雾器；有希望能够走进大自然去植树造林，在春暖花开的日子里回到学校学习的；也有把满满的爱心放到心愿瓶中，向医护人员致敬的；还有期待能够走到户外，看到鲜花盛开、绿意盎然的春天的。（见图3-14）

这样的学习过程，培养了学生的艺术技能。学生在制作心愿瓶之前先畅想心中的美好愿望，然后用线描和水彩的形式进行创作，再用综合拼贴的方式呈现"想象与真实"的画面，提升了他们的美术综合素养。

图 3-14　学生制作的心愿瓶图

8. 植树活动

在植树节这一天，虽然没有要求学生到户外去植树，但是还是有一些学生真的去户外植树了，他们有种苹果树的，也有种杉树的（见图 3-15）。这样的活动并不是老师要求的，而是学生通过植树节课程的学习产生的发自内心的行动。这样的课程学习在学生心中种植了"爱绿、护绿"的环保理念，并记忆深刻。

图 3-15　学生户外植树图

八、课程反思

3月12日是植树节，是个种植绿意和希望的节日，而这样的课程安排，让学生感觉春天在慢慢靠近，书声琅琅的校园、笑容洋溢的日子离他们不远了。

1. 课程设计富有童趣

以植树节为主题的"学科＋"融课程设计，其特点在于用童话故事模式开启教学，整个课程巧妙地用"小豆芽"的游历串联起语文、数学、科学、音乐、美术、体育等学科。整个学习过程，学生仿佛在看动画片，他们似乎也化身成童话王国里的一株株小豆芽，不再是机械地完成老师布置的学习任务，而是非常开心地享受这样的学习旅程。各个学科的教学都紧扣"植树节"主题，如科学种植小豆芽、音乐学唱《小雨沙沙》、数学解决植树问题、体育玩"植物蹲"游戏、语文朗诵春天组诗、美术创作心愿瓶，并且动静结合、动手操作、运动锻炼、动脑思考轮番上阵，这样的学习体验是全新的，是学生从未接触过的，他们在颂春天的诗歌里拥抱春天，在数学学习中收获趣味，在音乐、体育学习中收获歌唱、运动的快乐和美好，在绘画中栽种梦想。这样寓教于乐的教学，为枯燥的假期宅家生活增添了乐趣，学习变成了一种享受。

2. 多学科联合初显育人成效

此次特殊的"云上植树节"学习活动，学生收获的不仅仅是知识与技能，他们的心里也已经播种下环保护绿、珍爱生命的种子。其间，普法教育自然植入，课程借"小豆芽"之口宣传了学法、守法的理念，有效渗透德、智、体、美、劳"五育＋"的目标。通过这次学习活动，一方面学生在多学科完整知识体系的学习中对植树节的意义有了深刻的认识，另一方面学生能学用结合，把知识与技能巧妙地应用到生活中，在学习过程中获得智慧的提升、能力的锻造和心灵的成长。比如在种植、养护小豆芽的过程中，学生不仅收获了劳动的快乐，还感悟到了生命的美好，他们的朗诵、歌唱、律动、运动、绘画、创造等能力也得到一定的提升，更重要的是感悟到珍惜当下、生命成长的意义。

3. 亲子关系更加融洽

在这个假期里，家长和孩子都宅在家里，难免会有矛盾。基于此，在课程设计中促进亲子关系融洽是其中一个目标，因此整体的课程推进就考虑到与家长的合作。比如学生种植小豆芽，小豆芽的生长过程家里每个成员都会看到，孩子愿意与家长分享他们的劳动成果，亲子间交流互动的机会增多。又如在学唱《小雨沙沙》这首歌时，建议歌唱和律动与爸爸妈妈一起进行，在玩"植物蹲"的游戏中，一定需要父母或者其他长辈的共同参与，这样的游戏是有趣的、快乐的，学生在与家长共同游戏中，他们的关系更加亲密，宅家的乐趣与轻松愉悦的氛围自然显现。这种学习与生活的融合、统一与个性的结合、学校与家庭的共育正是融课程学习目的之所在，也是播种绿色、收获希望、共享成长的意义所在！

第二节 "又见心中杏花村" 清明节融课程

一、话说清明节

　　清明是二十四节气之一，在二十四个节气中，既是节气又是节日的只有清明。清明节，又称踏青节、行清节、三月节、祭祖节等，斗指乙（或太阳黄经达 15°）为清明节气，节期在仲春与暮春之交，交节时间在每年公历 4 月 5 日前后。清明节与春节、端午节、中秋节并称为中国四大传统节日。除了中国，世界上还有一些国家和地区也过清明节，比如越南、韩国、马来西亚、新加坡等。清明节源自上古时代的祖先信仰与春祭礼俗，是中华民族最隆重盛大的祭祖大典，兼具自然与人文两大内涵。扫墓祭祖与踏青郊游是清明节的两大礼俗主题，这两大传统礼俗主题在中国自古传承，至今不辍。清明节的习俗是丰富有趣的，除了扫墓，还有踏青、荡秋千、蹴鞠、放风筝、插柳等一系列风俗体育活动。清明节扫墓祭祀、缅怀祖先的优良传统，不仅有利于弘扬孝道亲情、唤醒家族共同记忆，还能促进家族成员乃至民族的凝聚力和认同感。2006 年 5 月 20 日，经国务院批准清明节列入第一批国家级非物质文化遗产名录。

二、课程背景

　　学生知道清明节，但对其由来知道者却不多，对清明节的意义理解更是浅表。2020 年春季开学，全体学生都在家中进行线上学习，清明节课程是宅家学习的第八周课程。为全面贯彻《新时代爱国主义教育实施纲要》，加强以理想信念和爱国主义为重点的社会主义核心价值观教育，结合特殊时期学生居家学习的实际情况，以清明节为契机，推出构建满足学生需要，具有衔接性、基础性、融合性特征的云上清明融课程。本课程基于学科联合育人功能，深挖节日蕴含的传统文化内涵和爱国主义精神，让学生回到生活实践层面，身体力行参与清明节，为学生从了解清明知识到厚植红色基因和爱国意识、助推生命教育的转化提供了可能。学生参与其中，在体验、感悟中，真正理解清明节的文化价值内涵，这是落实"扣好人生第一粒扣子"的教育系列课程。

三、课程目标

1. 理解清明节缅怀先烈、追思英雄、弘扬英烈精神的意义，懂得感恩，珍惜当下美好生活。

2. 促进跨学科整合学习，以多学科融合提升学科综合育人功能。

3. 提升学生自主学习、动手实践、创新等能力，促进亲子感情，培养乐学、愿学的积极情感。

四、课程主题词

追思过往　珍惜当下

五、课程总体设计

故事人物：

牧牧，惜惜（谐音，"木樨校园"中的"木樨"），"牧"意寓劳动，耕耘，勤学，实践，"惜"意寓珍惜，珍惜生命，珍惜当下幸福生活，懂得感恩。

故事主线：

以主人公牧牧和惜惜郊游踏青为主线：途中下雨，有感而发诵诗（语文）；唱诗，学唱歌曲《清明》（音乐）；走进"杏花村"，杏花村里识艾草，做"青饼"，知道清明节气（劳动）；杏花楼里听故事，识英雄；数一数，记一记，闪光的名字不忘记（数学）；学一学，做一做，长大我是解放军（体育）；带上杏花酒，致敬英雄永垂不朽（网上祭扫）；告别杏花村，赏春踏青，路遇几位诗人在争论谁写的清明诗意境更美，小画家帮忙进行诗配画（美术）。

主题教育：

生命，感恩，红色基因。

六、课程实施

旁白

杏花烟雨，雾蒙江南，春水漾出一方潋滟，春花秀出十里芬芳。哇，在这美丽的四月，郊外的空气可真好！大自然又在诉说什么故事呢？（见图3-16）

：亲爱的同学们，大家好，我是你们的新伙伴牧牧！

：我是你们的新伙伴惜惜！很高兴认识你们！（见图3-17）

图 3-16　清明节融课程微课视频截图

图 3-17　牧牧和惜惜对话图

今天是清明节，这是一个寄托哀思、感悟生命的日子。为了让祖国人民过上幸福生活，多少革命先烈长眠于地下。历史不会忘记他们，祖国不会忘记他们，我们更不会忘记他们。在这宅家的日子里，我们要带上大家，在家开启一段奇妙的学习旅程，过一个别具一格的清明节。

1. 语文课——清明组诗朗读

：春风送花表哀思，青松滴翠寄深情。无限哀思祭英烈，清明时节悼英魂。我们可以怎么表达心中对烈士们的哀思呢？我和惜惜请来了很多你们很久没有见到老师和同学。

语文老师：亲爱的同学们，四月的郊外，微风习习，春雨绵绵，让我们步履款款地走进我们的清明节，用先辈们的诗情来颂一颂大自然的风光，在字里行间感受穿越千年的情思吧。请你按下暂停键，和同学们一起来读诗吧。

学习内容：视频中的学生穿着传统服装，或在公园，或在亭台，或在草地，或在湖边，声情并茂再加上肢体语言美美地读着诗词，这些诗词有《寒食》《途中寒食》《寒食上冢》《清明》《清明夜》《苏堤清明即事》《闾门即事》《采桑子·清明上巳西湖好》《郊行即事》等。（见图3-18）

学习要求：从中挑选三首诗，进行配乐朗读、背诵，并上网查阅诗的意思，学习成果用视频或音频记录下来。

图 3-18　各班学生在不同地方读诗的情境

设计理念：

在全校一至三年级一共只有 12 个班级的规模下，语文学科的老师们邀请了来自每个班级的一位"小诗人"，诗诵"清明"，以此来感受清明的节气文化，了解古代文人过清明节时的不同心情。12 位小诗人纷纷穿上汉服，精心装扮，寻一处春光明媚处，或小桥流水，或水榭亭台，或桃红柳绿，在充满古典韵味的自然环境中，深情吟诵古诗，让学生感受到清明节踏青的欢快、大自然的美丽春光以及思念祖先的各种情绪。让古诗中蕴含的中华文化的种子，在这个春天，埋进学生的心中，等待生根，期盼发芽，同时也让学生对清明这个节气有更深层的感悟与理解。

旁白

牧牧和惜惜走着走着，念着念着，不禁也想用歌声表达自己的心情。

2. 音乐课——学唱歌曲《清明》

音乐老师：教学歌曲《清明》，并配上律动。（见图 3-19）

学习要求：学唱歌曲《清明》，同时跟着老师或者自己创编动作边演边唱，把学习结果用视频记录下来。

图 3-19 《清明》歌曲视频截图

设计理念：

　　学生在前一节语文课学习中已经学习了《清明》这首诗，紧接着在音乐学习中，学唱《清明》这首歌曲，旨在通过音乐与语文两种课程相融合使这两门课互为参照、互为呼应，让学生在轻松愉快的气氛中，玩中学，学中唱。在音乐与古诗的意境一体化融合中，既丰富学生的诗词积累，激发他们学习诗词的兴趣，又增进他们对古诗意境的理解，提升他们的审美意识和文化认知。在歌曲学唱中，还融入律动动作学习，引导学生主动参与，获得对音乐的动作感知，从而更加理解这首诗所包含的意义。

> 旁白
>
> 　　听着歌声，牧牧和惜惜深深地陶醉在"沾衣欲湿杏花雨"的清明时节里。同学们，现在你们是不是对清明节有了更深的认识？你们知道清明节是怎么来的吗？

3. 劳动课——认识节气食物"青饼"

（1）了解清明节来历

　　：清明前后，种瓜点豆。清明节是中国传统节日，也是重要的祭祀节日之一，是祭祖和扫墓的日子。清明节始于周代，距今已有 2500 多年的历史了。清明最早只是一种敦促春耕的节气，现在变成祭祀祖先的节日，很大程度和上巳节、寒食节有关。上巳节是中国最古老的节日之一，在这一天古人往往会洗浴，郊游踏青。而寒食节古人往往会禁烟火，吃冷食，拜扫祭祖。这些节日融自然与人文风俗于一体，充分体现了中华民族"天、地、人"的和谐统一。

：同学们，清明期间，有一种食物大家都很喜欢吃，你知道是什么吗？对了，是青饼，让我们一起来认识一下它吧。

> **旁白**
>
> 在古时候，因为寒食节是不能生火的，所以人们会提前准备很多糕点用来充饥。而青饼就满足了人们祭祀和不炊而食的需求。在如今，青饼作为祭祀的功能日益淡化，更多的是带给人们尝鲜的体验。

（2）学做青饼

劳动老师：青饼是江浙特色食品，用艾草和糯米粉捣制而成，一般在清明节前后最盛行。你认识艾草吗？是否学习过做青饼？如果没有请根据视频认真学一学，做一做吧。

学习要求：认识艾草，有机会到户外，可以去采摘一些，观察它的形状，闻闻它的气味；了解青饼的材料配比、制作过程，有机会的话亲自动手做一做。

设计理念：

学生虽然已经知道了清明节，但是对清明节的由来并不了解。因此通过牧牧的讲述，让他们明白清明节的由来，同时也认识了两个他们非常陌生的节日，那就是"上巳节"和"寒食节"，了解到清明是敦促农耕、踏青赏花、祭祀祖先的日子。青饼作为清明期间的一种食物，学生们都吃过，但是他们对制作青饼的材料了解不多，对艾草认识不深，也很少有机会亲自动手做青饼。而了解节气习俗和节气食物也能让学生更好地认识节气。因此我们设计了这次劳动课，主要是增强他们的观察与动手能力，提升他们的劳动意识。而艾草是一种长在田边、路旁、屋前屋后的一种植物，在清明前后随处可见，学生很容易就能采摘到并进行观察，并且在江浙一带，很多家庭都会吃青饼，都会采用清明前最嫩的艾草做青饼，因此学做青饼也就相对容易。学生在做青饼、吃青饼的过程中，可以体会到食物来之不易，会更加明白要爱惜食物，努力践行光盘行动。

4. 道德与法治课——识英雄，祭英雄

（1）听英雄故事

：清明节我们纪念已故的先人，是哀悼、是思念，也是为了在感恩中前行。在这一天还有一群人值得我们所有人铭记，那就是为了民族独立和人民解放，为了国家繁荣富强而献出自己生命的英雄烈士。他们遇强敌而不屈，临死神而不惧。让我们来听听革命烈士杨静娟的故事吧。（见图3-20）

道德与法治老师：讲杨静娟的故事。

图 3-20 革命烈士杨静娟的故事视频截图

（2）网上祭扫

> **旁白**
>
> 清明不仅是我们感恩自然，感恩生命的日子，还是我们怀念先辈，表达思念的日子。
>
> 没有他们，便没有我们。淅沥春雨里，让我们带上"杏花村"的杏花酒，向英雄致敬！

道德与法治教师：清明时寄哀思，这份真挚的情感不会因为祭扫的地方与方式而改变。今天，就让我们一起动动手指，通过特殊的方式向烈士致敬。请打开网站，在网站上给烈士们献花、鞠躬，还可以写上寄语。（见图3-21）

学习要求：讲一则革命烈士的故事，参与云上祭扫活动。

图 3-21 网上祭扫

设计理念:

采用讲故事、听故事的形式，学生认识了一位英雄人物——杨静娟，让他们知道：烈士杨静娟遇强敌而不屈，临死不惧，为了中华人民共和国献出了年轻而宝贵的生命。选择烈士杨静娟的事迹，旨在激发学生缅怀先烈、心怀感恩、珍惜当下美好生活的情感。而要求学生讲一则英雄故事，并亲身经历云上祭扫活动，则是想让学生敬畏英雄，懂得国家大爱，培养学生的爱国意识，让学生体会清明节的文化内涵，感悟生命、爱和传承的意义。

旁白

牧牧和惜惜听着故事，看窗外雨如长针，穿透芭蕉，真正感受到了"清明时节雨纷纷"的意境。你知道除清明这个节气外，还有哪些节气吗？

5. 数学课——生活中的数据

🐰：同学们，你们听说过二十四节气吗？让我们一起来看一看。

数学老师：二十四节气是中国人通过观察太阳周年运动，认知一年中时令、气候、物候等方面变化规律所形成的知识体系。从地球上看，太阳运行的轨道是一个圆形，古人将之称作"黄道"，并把黄道分为24份，每15度就是一个节气。

二十四节气分别是哪些呢？（见图3-22）

图3-22 二十四节气

你是不是发现清明就是第五个节气了。在这些节气中，你想到了哪些数学知识呢？

学生1：我是一年级学生，我看到每行排列了6个节气，想知道"4行一共有几个节气"，可以用 $6+6+6+6=24$ 来计算。

学生2：我是二年级学生，我觉得可以用 $6×4=24$ 或者 $4×6=24$ 来计算节气的总数。

学生3：我是三年级学生，我发现"每个节气有2个字，这些节气一共有几个字"可以用 $24×2=48$ 或者 $2×24=48$ 来计算。

学生4：我也是三年级学生，看到24，我想到了算24点，大家可以玩一玩。

👦：同学们，在了解二十四节气后，让我们一起跟着视频走进舟山革命烈士陵园缅怀先烈，看看在视频介绍中你了解了哪些事迹呢？

学习要求：自主学习了解二十四节气相关的内容，再根据自己的年级选择学习单中合适的题目。如果你能行，那么也可以完成学习单上所有的内容哟。

数据的作用学习单如下：

用算式表示"24"

一年级：在括号里填上相同的数。

$24 = （\quad）+（\quad）$

$24 = （\quad）+（\quad）+（\quad）$

$24 = （\quad）+（\quad）+（\quad）+（\quad）$

$24 = （\quad）+（\quad）+（\quad）+（\quad）+（\quad）+（\quad）$

$24 = （\quad）+（\quad）+（\quad）+（\quad）+（\quad）+（\quad）+$
$（\quad）+（\quad）+（\quad）+（\quad）+（\quad）+（\quad）$

二年级：我能计算这些得数是24的算式。

$24 = （\quad）+（\quad）+（\quad）$

$24 = （\quad）+（\quad）+（\quad）+（\quad）$

$24 = （\quad）+（\quad）+（\quad）+（\quad）+（\quad）+（\quad）$

$24 = （\quad）×（\quad）\qquad\qquad 24 = （\quad）×（\quad）$

$24 = \underline{\qquad\qquad\qquad\qquad\qquad\qquad\qquad}$

三年级：我能用 4 个数算出 24。

(1) 6 6 6 6   (2) 1 2 3 4

(3) 1 2 3 5   (4) 1 2 3 6

(5) 1 2 3 7

我还能自己写算式，使得数为 24。

24 = _____   24 = _____

设计理念：

  让数学学科跟清明结合起来，既要围绕清明这一主题，又要发挥数学独特的育人功能，让学生在感受这一节气的同时又习得知识，最终用"生活中的数据"这一主题呈现。课程首先介绍二十四节气，让不同年级的学生根据自己已有的认知水平去计算节气总和。有一年级学生的想法，还有二年级和三年级学生的想法，让学生感悟到解决问题的方法的多样性，再通过视频让学生了解革命烈士陵园，了解烈士们冲锋在前、无私奉献的精神。这样的学习素材让学生真正理解数学与人们的日常生产、生活的紧密联系，感悟到有了数学的帮忙，能生动形象地说明问题，同时也在数学学科中有机融入德育教育，让学科育人无缝衔接。

旁白

  许许多多的英雄在用脊梁为我们祖国的大厦遮风挡雨。你是否也想快快长大报效祖国呢？但是没有强健的体魄，何谈报效祖国？所以，我们在学习知识的同时，也要强身健体。

6. 体育课——翻山越岭送物资

体育教师：动作示范加动作要领讲解

第一关：原地快跑

要领：头部略抬起，双眼平视前方。头、颈部肌肉放松，挺胸、收腹，双肘关节屈曲，两肩稍提，双臂曲成90°，自然前后摆动，做到"前摆不漏肘，后摆不漏手"，时间为3分钟。

第二关：交接物资

物资箱中有很多物资，孩子位于物资箱的一侧，父母位于孩子的另一侧。家长和孩子坐在地上，双脚离地，之后孩子用双脚把物资交接给家长，家长用双脚收取物资后，将物资放在另一侧的物资箱中。（所有的物资道具可按照家里的器材自由选择来完成）

第三关：运输物资

上一关中孩子交接完物资之后，孩子拿一个或者两个物资跳跃通过障碍，障碍可用书本或者一些安全的器材代替，通过障碍后把物资放入终点的物资箱里，来回折返，直到把所有物资运输完成（见图3-23）。（也可以增加障碍物的难度，自己设计与父母共同活动）

学习要求：按照视频中的学习要求，和父母或者其他长辈一起完成三关练习。

图 3-23 体育老师动作示范及要领讲解

设计理念：

假期的时候，如何既宅家又能有体育锻炼，且这样的体育锻炼适合在室内进行，同时又能增进亲子间的情感？体育课便推出了"翻山越岭送物资"这个活动。为防止运动损伤，整个课程分为三关。第一关原地快跑其实是准备活动，这种低强度热身运动，可以调节学生身体状态，使体温升高，提高肌肉的弹性、反射速度和收缩速度，从而有效防止肌肉拉伤。第二关，家长和孩子双脚离地，孩子把物资通过自己的腿部下方交接给家长。在这关活动中，家长会和孩子协商、思考、准备要运输的物资以及物资箱，他们之间的交流活动机会增多。第三关，孩子通过障碍物运送物资，给孩子更多创意的空间，他们会增加障碍物的难度，会与父母进行接力赛，甚至会对活动进行创编。这样的学习活动，不仅增强了孩子动作的协调性和灵活性，促进了身体全面发展，提高了运动技能，还加深了家长与孩子之间的密切配合，增进了彼此感情，培养了孩子参加体育活动的兴趣。

> **旁白**
>
> 告别了杏花村，牧牧和惜惜在小巷里遇到了几位大诗人，原来他们正在斗诗，比谁的意境更美呢！

：同学们，你们觉得哪首诗的意境更胜一筹呢？试着给它配上一幅画吧！（见图3-24）

图 3-24　给诗配画

7. 美术课——"清明"诗配画

美术教师边示范边解说：第一步，根据诗的意境，用铅笔画出两个主要人物形象，先画一个问路的人，带着一把湿漉漉的雨伞，再画一个指路的小童子，这位牧童骑着牛，抬手一指告诉他要去的地方就在不远处，接着画出这首诗中可能出现的景物，有村庄、酒家、溪水等。第二步，用勾线笔对画面进行勾线，再擦掉铅笔稿，用勾线笔的另一头适当加粗某些地方，使画面看起来更加清晰、突出。第三步，上色，建议用马克笔或者水溶性彩笔。第四步，直接用勾线笔画几只小燕子，再配上诗。(见图3-25)

学习要求：发挥自己的想象，给《清明》这首诗配一幅画。

图 3-25 美术老师示范诗配画

设计理念：

给《清明》这首诗配画，目的是让学生理解诗的意境，体会诗人当时的心情，更好地理解这首诗，同时提高绘画技能。在绘画中，学生理解完成一幅诗配画需要的步骤：一是要构思、想象画面上的人物与景物，并谋篇布局设计整幅画的结构；二是用铅笔把整幅画的构图勾画出来，也就是完成打草稿；三是用勾线笔对画面进行勾线，并用橡皮擦去草稿中的痕迹，再对画面中的某些部分适当加粗；四是给画面涂上颜色，并写上诗。整个诗配画的过程，老师一边讲解一边现场创作，让学生经历整幅画从无到有的形成过程。这样的学习过程，既增进学生对诗意的理解，也考查学生自主创编构思画面的能力，旨在提升学生的想象力、创造力和绘画技能。

8. 全课结语

: 怀念英雄先烈在今天，继承革命精神在每一天，今天我们通过网祭的形式追思英雄、缅怀先烈，未来让我们一起用英雄精神激励我们奋勇前进！（见图3-26）

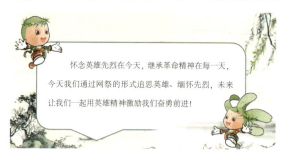

图 3-26 牧牧和惜惜总结

七、学生学习

课程依然通过视频推送播出，学生在家中进行学习。家长把孩子学习的视频、照片、学习单等都发给老师，老师及时对学生的作业进行批改反馈，同时对优秀的学生作业进行点赞并推送到各班家长群，并把学生优秀的学习成果上报到教学管理处，统一进行制作，发布在学校公众号中。我们看到孩子们穿上汉服，装扮成一个个小诗人，摇头晃脑、声情并茂地演绎一首首古诗，他们动手实践认识艾草、手工做青饼、创作诗配画、学唱音乐以及参加体育活动和网上祭祀、讲述先辈故事等，这样的课程有效渗透德、智、体、美、劳"五育＋"的目标。

1. 语文学习

清明节是一个非常有文化内蕴的传统节日，文人墨客写下了很多精妙绝伦的清明节诗词。在学生的学习中，他们对杜牧所写的《清明》这首诗比较熟悉，对其他的诗接触与了解不多。本次语文课程中呈现的十首有关"清明"的古诗词，学生先跟着视频学习，再自己上网查找资料理解诗词的含义，很多学生还穿上传统服装，在配乐朗读、背诵中把自己融入诗境中，成为一个个小诗人（见图3-27）。课程还给予学生充分的自主权，他们可以根据自身情况选择其中的三首诗词进行诵读，体现了分层教学，满足学生的个性化需求。学生纷纷把自己的学习视频发给老师，老师们发现很多学生把十首古诗词全部有感情地背诵下来，可见这样的学习情境以及学习方式是学生所喜欢的，老师们给他们一一指导与点赞。这样的学习过程不仅让学生学习到很多先前不知道的知识，同时对清明这个节气了解更深，并且在查找资料的过程中更加理解诗词的意境，体会作者想要表达的情感，感受诗人在怀念亲人时的悲伤，以及对清明时节杨柳初绿、草长莺飞、满目欣欣向荣之景象的向往，提升了学生的朗诵能力、表达能力、想象能力，以及欣赏品位和审美情趣。学生浸润在中华文化源远流长、博大精深的古诗词中，汲取着古诗词的精华，提升着自身的语文素养。

图 3-27 学生诵读有关"清明"的古诗词

2. 音乐学习

把熟悉的《清明》这首诗唱出来，对学生来说难度不大，因为他们已经熟记了歌词，于是就非常自然地去创编了更多的动作。演唱的同学非常多，他们结合自己对这首歌的理解，加入自己创编的各种动作，有的学生还自己加入铃鼓边打节奏边唱，也有学生自弹自唱（见图 3-28）。在学生个性化的演唱中，学生的歌曲演唱能力、动作创编能力也有所提升。同时把古诗吟唱出来，也是给予学生学习古诗的另一种方式，让学生感觉古诗不是捧在手心、放在课本里，不是枯燥难以理解的，而是可以优美地唱出来的，实现传统文化与现代生活更好地对接，在浸润学生心灵的同时，也让他们进一步感悟清明文化，体会诗意所表达的情感。

图 3-28 学生演唱《清明》

3. 劳动教育

本次劳动实践课要求学生认识艾草，有条件的学生还可以亲自参与制作青饼。从学生的学习成果中，发现所有的学生都认真研究了艾草，他们发现清明期间艾草到处都有，并且都长得比较矮，叶子正面颜色是绿色的，反面有点灰白色，并且还有绒毛，闻起来有一股淡淡的清香。很多学生参与了青饼的制作过程，他们先寻找艾草，割艾草，再在家里挑选艾叶，把不要的部分去掉，然后把艾叶蒸熟、捣碎，与糯米粉搅拌后做成一个个青饼，最后品尝自己的劳动成果。他们还了解到艾叶、糯米粉配比是1:1或者1:1.5时做出来的青饼最好吃（见图3-29）。学生经历这样一次完整的做青饼的过程，在提高观察能力、动手实践能力和增长见识的同时，也感受到食物的来之不易，懂得要爱惜粮食，珍惜劳动成果。很多学生感慨，原来只知道青饼好吃，不知道这样的美味竟然是用毫不起眼的艾草做成的，他们对艾草有了兴趣，发现它还是一种中药，有很多功效。研究艾草的乐趣会激发学生更多地去观察和研究植物，还有学生去研究了清明茶叶，跟随长辈经历了茶叶从采摘、烘炒到最后泡茶的过程。其实这样的学习过程可以作为项目化学习研究的过程，高年级学生研究的效果会更佳。

图 3-29 学生参与做青饼等劳动实践

4. 德育教育

学生查找资料，讲述一个个英雄故事，老师们又把这些故事反馈到班级群，学生可以随时听其他同学讲的故事。有一些班级还进行了"故事大王"评比，让学生认识了更多英雄人物。在"云祭扫"活动中，孩子们在爸爸妈妈的帮助下利用手机、电脑等载体为英烈献花送祝福，通过"云端"缅怀先烈、追思历史，向英雄致敬（见图3-30）！讲述英雄故事，凝聚的是传承爱国主义精神的至高追求；一键献花，传递的是对英烈的深情追思；隔空寄语，寄托的是孩子们的浓浓哀思与真情。这样的课程学习主要培养学生的爱国主义情怀，让他们懂得幸福生活的来之不易，从而树立远大的理想和长大报效祖国的雄心壮志。

图 3-30 学生网上祭扫向英雄致敬

5.数学学习

对于二十四节气，绝大多数学生不清楚，他们认识其中几个，比如清明祭扫吃青饼，立夏吃鸡蛋，立秋吃西瓜，冬至吃汤圆，也就是说学生对节气的认识源于家里长辈在食物中的引入，而对其他节气学生接触很少，也基本不了解。此次课程通过引入二十四节气，让学生自主学习节气相关知识，为学生开展自主学习搭建了一个平台。很多学生纷纷上网查找资料，他们认真了解了每个节气的时间、相关习俗等，知道了二十四节气是中国历法中二十四个特定节令，每个节气均有其独特的含义，一年从立春开始到大寒结束，平均每月两个节气，二十四节气准确地反映了自然变化，在人们日常生活中发挥了极为重要的作用。这样的自主探究学习，让陌生的二十四节气有了展现在学生面前的机会，让学生感悟中华优秀传统文化博大精深的同时，也在学生心中种下自主探究学习研究更多节气的种子。而根据二十四节气中的"24"展开数学学习，一、二、三年级的学生都很感兴趣。一年级学生把 24 拆成相同的 2 个数、3 个数、4个数、6 个数、8 个数、12 个数，再进行连加，这样既能练习加法计算能力，又能为二年级学习乘法做准备；二年级学生对 24 的计算，可以是相同数相加，也可以是不同数相加，还可以用乘法来表示，学生思维更加具有自主性；而三年级学生算 24 点思维要求更高，他们需要综合运用加减乘除来算 24，学生对这样的有挑战性的学习活动非常感兴趣，甚至一部分一年级的学生挑战了二年级的内容，一部分二年级的学生挑战了三年级的内容。这样一个课程的学习，既能锻炼学生自主学习探究的能力，又能提升学生的计算能力和思维能力。

6. 体育学习

有趣的体育活动是最受学生喜欢的。按照学习要求中的三个活动，学生先进行热身运动，再进行搬运物资的游戏。对于需要搬运的物资，每个学生都根据家里的相关物品自己安排，并设置障碍物，牛奶箱、小凳子、鞋子、书包、课本、文具、大米、油桶、水壶、台灯、锅等都变成了游戏的道具。他们还自己创编游戏内容，俨然变成了一个个大导演。编排好剧本，还有学生挑选优美的乐曲，和家长开开心心玩着搬运物资的游戏（见图3-31）。学生的创意是无限的，一个小小的游戏活动，变成了融语文、音乐、体育于一体的融合学习的过程。这样的活动在提升学生组织能力、语言表达能力以及运动技能等方面都有一定的作用，同时也愉悦了学生身心，家长共同参与游戏，亲子关系也更为融洽。

图 3-31 学生进行搬运物资游戏

7. 美术学习

学生通过各科学习，清明节在他们心中已经留下了沉甸甸的烙印。而诗配画是本课程的最后一块学习内容，学生带着自己对清明节气文化的理解，带着在诵读、演唱中对《清明》这首诗的意境理解，再对诗进行配画，用诗的眼睛、诗的耳朵、诗的心灵、诗的情态去感受清明节，感受大自然，去驰骋想象、放飞情思，我们发现抽象的文字，经过学生创作已经转化为生动的画面并跃然于纸上了。在把《清明》这首诗与画融为一体的过程中，学生学到了绘画技法，如打草稿、勾线、上色等，也学会了怎样让色彩搭配更加符合诗的意境，能与诗浑然一体，让别人感受诗就是画，画就是诗（见图3-32）。学生带着自己的理解，创作了一幅幅充满诗意、灵动的画。这样的学习过程，在提升学生创造美、欣赏美的意识的同时，也培养了他们的认知能力和学科综合素养，达到开发心智、传承中华传统文化之目的。

图 3-32　学生诗配画作品

八、课程反思

为有效实施本课程，老师们通过多次线上及线下会议研讨、修改、调整课程方案，最终以牧牧和惜惜畅游的方式串起所有学科。这样的经历使老师们认识到融课程不是对已有知识进行简单"相加"，而是通过"学科＋"生发更多的未知，这些未知正是提升学科素养、厚植爱国情怀的好契机。

1. 让学生体验一堂生动的生命教育课

关于清明节的教育内涵十分丰富。低年级的学生对清明节的印象并不深刻，他们虽然知道有扫墓、吃青饼的习俗，但是缺少对清明这一传统文化的认识。本课程就是抓住清明节育人契机，让学生通过与先人的对话，与自然对话，感受生命的意义，实现生命的价值。如：在认识艾草中让学生感受到春的气息，从而去观察春天，感悟春天，释放内心的活力，感受生命蓬勃向上的张力；在讲述清明节的由来、革命先辈的故事，并在参与网上祭扫等一系列活动中，让学生去感受生命、爱和传承，最终理解生命的意义。美国心理学家朱迪斯·赫尔曼曾说："人必须对所有的失丧——哀悼过后，才能发掘到自己坚不可摧的内在生命。"因此本课程就是通过不同学科教学，在凸显"生命、感恩、红色基因"中，对学生进行生命意义教育，培养学生爱国意识，懂得国家大爱，知道有国才有家，国泰则民安，让清明节的教育，最终回归到学生当下生命时空之中，从而让学生更加珍惜生命，懂得生活的美好，并努力去传承中华优秀传统文化。

2. "学科＋"确保五育融合有效落地

中共中央、国务院印发的《关于深化教育教学改革全面提高义务教育质量的意见》

提出要坚持"五育"并举，全面发展素质教育。教育是一个系统工程，只有将德、智、体、美、劳"五育"完美融合，才能真正达到育人的目的。此次清明节融课程，以"生命教育、爱国情怀"为宗旨，把多学科有机融合在一起。一首《清明》可以诵读、可以演唱、可以配画，有效培植语文、音乐、美术学科素养。在语文、数学学习中，培养学生朗诵能力、思维能力，提升文化自信和数据分析意识；通过体育课程，培养学生的创新精神和实践能力，力求使学生形成运动意识和技能；在美术学习中，学生的观察、模仿、创造能力，以及审美情趣和人文素养得到培养；在学唱歌曲中培养学生的音乐素养；而劳动教育在培养学生的观察、实践、动手操作能力后，还能让学生感受生命的意义和食物的可贵；德育课程更是培植学生爱国情怀、感受生命价值的重要一环，而亲子活动的加入，更是有效破解了"超长假期"之下的不良家庭亲子关系。这样的课程有效渗透德、智、体、美、劳"五育＋"目标，并引导学生成为全面发展、具有爱国情怀、懂得感恩、珍惜生命的新时代好少年。

3. 提升学生自主学习能力

著名教育家斯宾塞说过这样一句话：记住你的管教目的应该是养成一个能够自治的人，而不是一个要让人来管理的人。想要让学生成为一个能自治的人，那么就要强调学生的自主管理。自主管理是指在学校的指导下，学生通过自我体验、自我约束、自我评价、自我激励等方式，达到改善言行，提升思想境界及综合素养的一种教育管理模式。此次清明节融课程，没有采用线上直播的方式，而是用视频推出，学生的学习不受老师控制，老师也不会在课上提问学生，这样的学习更加考验学生的自主学习能力。但我们发现所有的学生都认真学习了此次融课程，完成了相应的作业，并且还有相当一部分学生自主学习的意识和兴趣浓厚，比如语文课程中十首与清明有关的诗词，老师只要求学生了解其中三首并背诵，但是很多学生却自主上网查找理解每一首诗词的意思，并进行背诵。有学生试着写关于清明、关于春天的小诗；有学生在了解艾草的过程中，进一步了解了艾草的药用价值，让一株株不起眼的艾草在学生的眼中有了独特的意义，也激发了一部分学生去认识、了解更多植物的兴趣；有学生特意去了解制作青饼的材料配比，感受数学学习中比例的相关知识；有学生在亲自动手做青饼后，去了解茶叶的制作过程，并写成文章；还有学生在创编音乐律动、体育活动以及美术配画的过程中，感悟到自己创编的快乐，并进一步引申到其他的宅家自主学习活动中……这样的教育不是雕刻，而是唤醒，只有唤醒了学生，他们才能更自主、自发地去学习，自我管理能力也才能逐步形成。

第三节 "种枚党徽献给党" 谷雨节气融课程

一、话说谷雨节

谷雨,是二十四节气的第六个节气,也是春季的最后一个节气,在每年公历4月19日—21日之间。谷雨与雨水、小满、小雪、大雪等节气一样,都是反映降水现象的节气,是古代农耕文化对于节令的反映。

谷雨有"雨生百谷"之意。在传统农耕文化中,谷雨节气将"谷"和"雨"联系起来,就蕴含了"雨生百谷"的意思,反映了"谷雨"的农业气候意义。谷雨时节的气候特点主要是多雨,此时的雨水不仅多且下得急,正是播种的好时机。谷雨节气后,气温升高,雨量增多,空气中的湿度进一步加大,极适合谷类作物生长,是庄稼生长的最佳时节。

在中国古代的一些著作中,将谷雨分为三候:第一候萍始生;第二候鸣鸠拂其羽;第三候为戴胜降于桑。这是说谷雨后降雨量增多,浮萍开始生长,接着布谷鸟便开始提醒人们播种了,然后是桑树上开始见到戴胜鸟。由于谷雨节气后降雨增多,空气中的湿度逐渐加大,应注意预防"湿邪"侵袭伤身。民间在谷雨节气有摘谷雨茶、走谷雨、"吃春"、赏花等习俗。处在暮春时节的谷雨,意味着春将尽、夏将至。

二、课程背景

为了把爱党、爱国教育结合全学科育人理念,落实到日常教育教学实践活动中,学校党员、青年团员,带领全体少先队员,携手学生家长,共同参与课程活动。课程结合谷雨时节通过认党旗识党徽、种党徽勤劳动、学党史讲故事、护党徽学队礼等融学科育素养系列活动,培养学生爱国爱党的主人翁精神,并以"种党徽"具体形象、身体力行、触手可及的形式讲党徽,让学生知党史,把红色基因融入学生血液中,让"镰刀、锤头"的花朵在学生的浇灌下茁壮成长,让爱国爱党教育通过学习活动铭刻于学生心中。

三、课程目标

1. 以谷雨节种植为契机，在多学科联合育人中提升学生综合素养。

2. 经历整个种植的过程，理解生命成长的意义，培养持之以恒的学习精神，提升综合实践能力。

3. 培养和增进少先队员热爱党、热爱祖国、热爱人民的情感。

四、课程主题词

爱国爱党　陪伴养护　生命成长

五、课程总体设计

1.启动种植仪式

在谷雨当天启动谷雨种党徽仪式，结合庄严的列队仪式，请学校党支部书记上党课讲党史，全体学生学习党旗、党徽知识，大家一起除草耕地，勾画出党徽形状，种下黄色和红色的百日草种子。

2.学科学习

各学科根据学科特点及学习主题展开相应学习活动。

六、课程实施

1.语文课——红色加油站

学习活动一：诗词竞赛

诵读相关诗词、小古文等，并把它们编排成一个个精彩的节目进行表演，开展以诗会友活动；以年级为单位开展诗词大会，同台竞技。

学习活动二：演课本剧

各中队阅读"青少年党史读物和红色书籍"，开展全校的"红色课本剧"表演比赛。

学习活动三：向党诉衷心

用诗词、小古文等向党诉说自己的衷心。

设计理念：

　　在长达 100 年的建党过程中，有太多的红色经典、诗词歌赋可以用来追寻革命先辈的光辉足迹，深情回顾党的奋斗历史。对小学生来说，怎样把这样的内容融入他们的学习生活，在语文学习就有三个关键，一是"学"，二是"演"，三是"诉"。学生首先通过阅读青少年党史读物和红色书籍，对党的光辉历史有了了解，再通过年级的以诗会友、班级的主题班会活动以及全校的"红色课本剧"表演比赛，把学到的内容表演出来，让更多的学生了解党的光辉历史，最后再结合百日草的养护活动，用诗词、小古文等向党诉说自己的忠心。这样的活动旨在庆祝中国共产党建党 100 周年，弘扬中华优秀传统文化，传承红色基因，进一步推动学生和教师积极参与到朗读经典、分享经典的文化中，让党史学习教育深入人心，并在诵读、表演中学习红色精神、传承红色基因。

2. 数学课——丈量新路径

本次学习活动适合三、四年级学生，以小组合作探究、实践活动为主。

（1）学习活动一：测量花圃的周长

1. 估计花圃的周长是多少米。想一想可以怎么估计。	
2. 以身体为尺（步长、臂长等）测量花圃的周长，说说你是怎么测量的。	
3. 计算花圃的周长。	

（2）学习活动二：测量花圃的面积

1. 估计花圃的面积大约是多少平方米。说说你是怎么估计的。	
2. 计算花圃的面积。	

设计理念：

《义务教育数学课程标准（2022年版）》指出：素养导向的数学教学活动提倡创设真实的教学情境，体现数学是认识、理解、表达真实世界的工具、方法和语言。真实情境的创设要注重情境的多样化，在教学中让学生接触社会、经济、文化和科学等多个领域的真实情境，培养学生综合运用数学及其他学科的知识与方法发现和解决实际问题，感受数学在现实世界的广泛应用，体会数学的价值。数学家弗赖登塔尔说："数学学习是一种活动，这种活动与游泳、骑自行车一样，不经过亲身体验，仅仅靠听讲或观察他人的演示是学不到的。"学生在学习周长和面积的知识中，他们解决的问题更多来自课本或者练习册的习题，并且长、宽等数据一般都是直接告知的，很少会出现需要学生自己实地测量后再进行计算的题目。而本课程在计算周长时，需要学生以臂长、步长等为单位，小组间通过合作，测量出花圃的长和宽，并且如果花圃不是标准的长方形，那么学生在计算面积时还需要通过割补的方式。这样的学习，把数学与生活实践紧密相连，培养的是学生合作解决生活问题的能力和实践能力，感悟数学与生活的联系，彰显数学的价值和魅力。

3. 科学课——观察与养护

三、四年级完成如下学习。

（1）学习百日草的养护方法，定期对百日草进行养护。

（2）从播种开始记录植物的生长过程，写科学观察日记。

（3）每个班级每隔一周对百日草进行观察，以班级为单位完成一份观察记录表，见表3-2和表3-3。

表3-2　百日草生长观察记录表（一）

日期	我们做的事情（浇水、施肥、除杂草等）	植物的高度	叶的形状	花的形状

表 3-3　百日草生长观察记录表（二）

项目	发芽	开花	枯萎	萌发时长（播种到发芽）	花期（花开到花谢）
时间					

设计理念：

《义务教育科学课程标准（2022年版）》指出：小学科学课程是以培养科学素养为宗旨的学科启蒙课程。学生科学素养的形成，不是通过教师的讲授或学生简单的记忆就可以实现的，而是需要通过学生亲历某些探究活动，在参与的过程中产生体验、感悟，最终内化而成。本次科学课程，学生以班级为单位通过学习百日草的养护方法，在观察的前提下完成两份百日草生长观察记录表。第一份在每一个时间点记录自己浇水、施肥、除杂草等事情，并把观察到的百日草的叶的形状、花的形状做记录；第二份则记录百日草的发芽、开花、枯萎、萌发时长和花期，并从播种开始记录百日草的生长过程，写科学观察日记。要完成这样的内容，学生需要参与其中，亲历百日草生长的过程，自主地、认真仔细地观察，这需要学生有科学的观察能力、坚持不懈的精神和按时记录的好习惯，也能激发学生学习科学知识的兴趣，更好地提升他们的科学素养。

4.音乐课——红歌亮我心

学习活动一：在党徽的苗圃旁歌唱　时间：在每周浇灌时

一、二年级：《种太阳》　三、四年级：《唱支山歌给党听》

在音乐课上学唱这两首歌曲，在歌曲中加入一些身体律动。

学习活动二："致敬百年伟业　红领巾心向党"班级红歌展示活动。

每班选取一首红歌，在校园唱响新时代主旋律，并进行全校比赛。（见表3-4）

表 3-4　"致敬百年伟业 红领巾心向党"班级红歌节目表

班级	节目名称	班级	节目名称
一（1）班	红星闪闪	二（4）班	红星歌
一（2）班	让我们荡起双桨	三（1）班	军港之夜
一（3）班	歌唱祖国	三（2）班	歌声与微笑

班级	节目名称	班级	节目名称
一（4）班	童心向党	三（3）班	红领巾心向党
二（1）班	美丽的太阳花	三（4）班	团结就是力量
二（2）班	红领巾飘起来	四（1）班	少年少年，祖国的春天
二（3）班	打靶归来	四（2）班	童声里的中国

设计理念：

　　想要让红色基因融入学生内心，红歌传唱不失为一种好方法。因为每一首红歌都代表着一段历史，而通过轻松、愉快的歌曲演唱，是了解历史、提升认知的有效途径，可以让学生接受红色教育，有利于他们树立正确的世界观、人生观、价值观。此次红歌演唱，既有共同的曲目，如一、二年级的《种太阳》，三、四年级的《唱支山歌给党听》，又有各个班级选定的一首红歌进行全校的比赛。在这段时间的校园里，我们可以在花圃旁、教室里、走廊上、操场上，听到学生热情高涨的红歌传唱。红歌中所包含的爱国主义情操，积极正确的人生态度，大公无私、团结奋进的精神引领着学生，特别是最后全校的红歌大合唱比赛，更是为学生默默滋润红色基因，这种喜闻乐见的传唱方式，让爱国情怀在不知不觉中形成和升华。

5. 美术课——我心画我党

学习活动一：微课学习

了解党徽的来历、意义和党徽组成的元素。

学习活动二：动手实践

运用多种美术表现形式，如画笔、黏土、剪纸等来呈现党徽，并用折纸来表现红船，用手工制作来创作鱼灯等。

设计理念：

　　在多学科融合教育中，美术课又可以以怎样的方式让"爱党爱国"的种子在学生稚嫩的心灵深处扎根？为此，基于"种枚党徽献给党"的课程学习，美术课用画笔、黏土、剪纸表现党徽，再通过折红船、做鱼灯，大力传承弘扬中华优秀传统文化，为学生系好人生的第一粒扣子。这样的美术学习，学生始终浸润在红色基因传承中，远离学生生活的党徽在学生心中焕发着红色光芒。折纸是学生非常喜欢的一项活动，在折红船过程中，教师首先介绍红船的意义，让红船照亮学生心田，带着这种对党的敬重、尊崇之情，学生手中的红船就变得更有意义；鱼灯又称太平灯、幸福灯、吉祥灯，蕴含着人们的美好愿望，学生在创作鱼灯的过程中，去感受与体会在中国共产党的带领下，人民过上幸福美好的生活。这样的美术学习，除在精神上为学生传承红色基因奠定基础外，还通过画、粘、剪、折等多种表现形式，锻炼学生的动手能力、创作能力，提升美术素养，也是对"党徽永耀 童心向党"的立德树人的生动实践。

6. 体育课——运动超赛道

学习活动一：军容军姿

三声：歌声、掌声、番号声。三相：站相、走相、坐相。

学习活动二：红色体育游戏

朱德的扁担、爬雪山过草地、决战湘江、大会师。

设计理念：

军容军姿要求学生不乱动，不讲话，五指并拢，贴紧裤缝，目视前方，它是磨炼学生意志力的重要手段，能磨炼学生果断、勇敢、坚韧不拔的优良品质。开展红色体育活动，旨在让学生更深刻体会到前辈们为国家抛头洒热血的热忱，体会到中国革命时期英烈们拼搏向上的精神，进而更好地传承红色基因，赓续红色使命。虽然这样的活动会很苦很累，但这是学生对人生的一种体验，是他们战胜自我，锻炼意志的最佳良机。本次体育课的学习，将红色精神与体育运动相结合，全面落实学校爱国主义教育，丰富学校文化生活，学生在运动中传承拼搏精神，在快乐中培养团队默契，既传承红色文化理念，又增强身体素质。

七、学生学习

1. 种植仪式：劳动与期盼

在庄严的歌声中，全校党员、团员、少先队员、教师和家长代表共同参加种植仪式。大家先聆听学校党支部书记上党课讲党史，学习了党旗、党徽的知识，知道了党徽上镰刀、锤头的来历与象征的意义，了解了中国共产党全心全意为人民服务的宗旨。随后党支部书记给同学们发百日草种子，老师、学生、家长一起除草耕地，在近百平方米空地上，勾画出党徽形状，并种下黄色的百日草种子，最后在周围种下红色百日草种子，见图 3-33。大家期待在七一前夕用鲜花点缀出一枚金色的党徽。这样的活动融德育、劳动教育于一体，把庆祝建党 100 周年"追寻党的光辉足迹"系列活动具体化、实践化。

图 3-33　种植仪式

2. 语文学习：汇报与表演

（1）诗词竞赛

各年级学生把日常积累的古诗词、小古文等编排成了一个个精彩的节目，并通过多种形式进行表演，让全体同学感受传统文化的无穷魅力，感受到传统文化就在身边，这样的学习活动也是在寻根我们国家的传统文化。（见图 3-34）

图 3-34　以诗会友活动

在诗词大会同台竞技中，"连连看"不仅考验了学生对古诗词的掌握情况，还有细心程度和反应能力；在"看图配诗"中，学生"诗中有画，画中有诗"，在背诗的同时看到了诗人所描绘的画面；在"飞花令"中，台上的同学和观众席上的同学一起参与了活动，大声背诵自己熟悉的古诗词。（见图 3-35）

图 3-35　诗词大会竞技

（2）演红色课本剧

学生们在重温红色经典中，让党史学习教育活了起来。他们在排练、表演中学会了换位思考，将自己置身于情境之中，知道自己的使命不仅仅是念几句台词、做几个表情和动作，而是要将革命先辈浴血奋斗、视死如归的精神传达给台下的每一位观众，见图3-36。观看课本剧的学生在观看的同时体会角色，与历史长河中那些优秀的共产党人进行精神对话，感受他们的伟大品质。

图 3-36 演红色课本剧

（3）向党诉衷心

在用儿童诗向党诉说自己的衷心这一活动中，学生们结合自己本次课程学习的所学、所思、所言、所看，纷纷提笔写下心中愿望，致敬党的百年伟业。

舟山孩儿郎童心永向党
周姝羽

啦啦啦，啦啦啦，　啦啦啦，啦啦啦，
我是舟山孩儿郎，　我是海岛文明郎，
晨起赶海潮，　　　从小懂礼貌，
月下听波涛，　　　人人都说好，
听呀么听波涛。　　说呀么都说好。
啦啦啦，啦啦啦，　啦啦啦，啦啦啦，
我是惠小学生郎，　我是新区少年郎，
背起小书包，　　　长在红旗下，
幸福上学堂，　　　童心永向党，
上呀么上学堂。　　永呀么永向党。

建党百年 童心向党
张未沐

七月一，创百年，人民翻身做主人；
经风雨，历艰险，东方巨龙已苏醒；
改革兴，幸福来，昂首迈进新时代；
红领巾，胸前飘，少先队员志气高；
学四史，守初心，革命传统永不忘；
爱祖国，爱人民，一颗红心向着党；
勤学习，强健体，争做时代好少年；
拥护党，跟着党，祝愿祖国更富强。

童 心 向 党
金晨怡

红领巾向共产党，
祖国建设我成长。
我要加油快快长，
好为祖国献力量，
实现祖国更富强。
伟大的祖国伟大的党，
我爱的祖国我爱的党，
相信明天你更强。

3. 数学学习：丈量与计算

三、四年级的学生以小组为单位，首先制订计划，讨论实施的过程中可能会遇到的困难，解决问题的方法、策略，分工完成计划，并重点讨论丈量边长的方法，有的小组用臂长，有的小组用步长，也有的小组用手拉手来测量。然后结合综合实践学习单，进行实地测量实践，在测量后进行学习单填写以及计算方法的讨论，最终算出花圃的周长和面积（见图3-37）。这样的学习活动也体现了"双减"政策，以"减负不减质"为主题，落实《义务教育数学课程标准（2022年版）》提出的综合性实践活动课程，让数学动起来，学生能亲近数学、玩好数学，在实践活动中体验数学的奥妙，体会数学与生活的紧密联系。本次学习活动后学生的综合实践能力得到提高，体会到测量长度时还可以用身体上的尺，让课本中学习的测量长度、计算周长和面积的方法得到实践应用，小组合作能力也得到提高，这是课堂知识学习所不能达到的。

图 3-37 学生测量并计算花圃的周长和面积

4. 科学学习：种植和养护

种植和养护是学生非常喜欢的活动。他们提前了解百日草的生长特点和环境要求，自主通过上网查找资料进一步明确湿度最好保持在80%左右，不要波动太大，浇水不要过多，保持泥土湿润即可，并且因为谷雨后雨水较多，注意不要积水，避免烂根；知道施肥不需要太多，只是在花期因为对养分的消耗会比较大，所以需要追肥来为开花提供足够的养分。学生把搜集到的各种资料，在课堂上相互交流。每个班级轮流对百日草进行养护，班级完成一份份观察记录表，并且认真写科学观察日记（见

图 3-38）。从学生日常相互交流以及完成的两份记录表和观察日记中，我们发现学生不仅仅从完成作业的角度在观察、种植、养护百日草，更是从自身喜爱、探究、期待的角度精心养护、仔细观察、认真记录。还有学生从生活实际出发，了解百日草在海岛特色天气中的生长规律，体验植物生长的特点。此次活动，同学们感受身边的种植体验，学会利用科学的思维观察、学习，感受到持之以恒做好一件事情的重要性，而整个养护过程也是不断致敬百年伟业，童心向党的过程。

图 3-38　学生观察记录百日草的生长规律

5. 音乐学习：红歌献礼党恩

红歌不仅歌词优美，更是一段历史，是中国革命真实的写照。

每个班级都选了一首红歌进行学习演唱，各班不仅利用音乐课时间学唱歌曲，还在每天中午的"每周一歌"活动中深情传唱，嘹亮的歌声响彻整个校园，体现出"让红歌伴学生快乐成长"的主题，营造出了和谐向上的文化氛围。在最后的比赛中，各班学生着装统一、整齐。有的班级准备了各种道具，如小红星、向阳花、中队旗、标语等，有的班级邀请了家长共同参与；还有的班级在演出中融入手势、身体律动、队形变换……班班歌声悦耳动听，每首歌都洋溢着满满的正能量，见图 3-39。这样的红歌学习演唱活动，学生在润物细无声式地接受着红色教育，既加强了学校的艺术教育，提升了学生的审美素养，又丰富了学生的课余生活。学生在深情回顾党的百年征程中陶冶了艺术情操，从内心深处感受到党的光辉荣耀，催生了精神力量，让爱国情怀在不知不觉中形成和升华。红歌演唱活动，也是播撒红色种子，收获红色记忆，传承红色精神的体现。

图 3-39　红歌演唱比赛

6.美术学习：党徽照我心

学生抓住党徽的特征，用各种美术形式来表现党徽的全貌，如用画笔画党徽，用黏土做党徽，剪纸呈现党徽等。在学习中，学校还请到了剪纸非遗传承人，在他的指导下，学生学习裁剪、折纸，并将党徽、鲳鱼、灯笼、红船等各种元素表现到作品中，一张张红纸焕发出了别样的风采，鱼灯主题剪纸作品、折纸红船陆续完成。剪好的作品被粘贴在校园墙的渔网上，挂在天花板上，在感悟传统文化魅力的同时，也表达了学生对党的衷心祝愿。这样融入主题的学习活动，一方面提高了学生的绘画、剪纸能力，同时在用黏土制作党徽，在用纸制作灯笼、红船的过程中，不仅提高了学生的动手能力、创作能力，还提升了学生的美术技能和技巧，提高了美术素养；另一方面，浸润式的学习活动，激发了学生对党的深深热爱，这样的学习方式远比枯燥的说教来得有意义，也更有教育效果。而学生轰轰烈烈的学习活动，也感染了老师们，老师们也纷纷拿出红纸，剪党徽、折党徽，并与学校的"匠心筑桥"党建品牌结合，"红色基因"真正融入每个师生心中。（见图3-40）

图 3-40 师生制作的党徽、红船、灯笼作品

7.体育学习

（1）军容军姿

从前，红军与敌人斗智斗勇，英勇不屈；现在，新一代红色少年正向着阳光、向着未来茁壮成长。而军容军姿的训练，能激发学生爱国热情，培养他们艰苦奋斗、刻苦耐劳的坚强毅力精神。在训练中，学校邀请部队官兵训练各年级学生。一个个身穿红军军装的小战士在教官的带领下，进行站军姿训练，他们手贴裤缝、目不转睛、

纹丝不动；在三项练习中，学生们一遍遍重复着"单调"的动作，动作越来越标准，队列队形越来越整齐。学生学习着军歌，练习着站相、走相和坐相，他们的眼神中透露着果敢、坚定和自信，整齐的口号声和嘹亮的歌声响彻整个操场，俨然就是红军战士的模样。这样的学习活动，在增强学生体质的同时，更促进他们精神品格的形成与发展。（见图3-41）

图 3-41 学生练习军容军姿

（2）红色体育游戏

学生怀着对红军的崇敬之情，迈着整齐的步伐，踏上追溯红色记忆的旅程，大家一起前往军营。在军营里，在部队官兵的指导下，把"朱德的扁担"融入劳动教育之中，学生以扁担挑粮食相互接力的方式，深刻领会井冈山时期我党我军艰苦奋斗、吃苦耐劳的革命精神；在"爬雪山过草地"活动中，学生穿越各种障碍匍匐前进，感受到红军的艰难和不易，学习红军战士们不怕苦、不怕难的精神；在"决战湘江"的游戏中，他们冒着"敌人的炮火"，隐藏在堡垒后向敌军投掷手榴弹，体会革命先辈们浴血奋战、保家卫国的英雄故事，明白了现在幸福生活的来之不易；而最后的大会师，同学们和官兵一起进行拔河比赛，场上同学坚守阵地、步步为营，场下同学摇旗呐喊、加油助威，呐喊声冲破天际。在欢声笑语过后，大家感受到更多的是应该珍惜当下来之不易的美好生活。（见图3-42）

图 3-42 学生做红色体育游戏

每一个红色体育运动的背后都体现了先辈顽强的意志。把红色经典与运动游戏有机融合，不仅让学生重温革命时期的艰难险阻，也在运动中增强了团队协作能力，学生在参与、体验、感受中种下吃苦、坚韧的种子，这种在玩中学、在学中思的学习活动，深受学生喜欢，也坚定了少先队员们时刻听党话、永远跟党走的理想信念。

八、课程反思

借助谷雨节气开展"种党徽"融课程学习，让原先远离学生生活，被学生忽略、无视的谷雨节气变得非常接地气，学生真正认识了谷雨这个节气，并且在多学科学习中，始终围绕党徽渗透爱国爱党教育。本课程结合了中华民族传统文化、革命文化，构建了德智体美劳全面培养的教育体系，并着力在坚定理想信念、厚植爱国主义情怀、加强品德修养、增长知识见识、培养奋斗精神、增强综合素质上下功夫，让党史学习教育变得生动、丰厚、立体。

1. 多方联动：党史学习教育深入学生内心

习近平总书记在党史学习教育动员大会上的重要讲话中指出："党的历史是最生动、最有说服力的教科书。"小学是培养学生良好学习习惯、生活态度的重要阶段，是学生树立正确世界观、人生观和价值观的萌芽期。百年党史的发展历程蕴含丰厚的精神资源，对学生理想信念的形成与巩固具有非常重要的价值和意义。但是对小学生来说，浩瀚无比、波澜壮阔的百年党史与学生生活之间存在一定距离，在学习和理解上存在一定的困难。而本次融课程的学习，借助种植仪式，让学生近距离了解党徽的意义；在语文学习中通过寻根传统文化、致敬建党百年，演红色经典课本剧让学生进一步了解党的光辉历史；音乐课上各个班级传唱的红色歌曲，是中国共产党带领广大人民在革命、建设、改革的伟大实践中形成的经典文化成果，学生可从中汲取人文价值，促进正确价值观的形成；美术课中通过折、剪、画、贴等多种创造形式，让党徽、党史学习教育再次走近学生；体育课上的军容军姿训练、红色体育游戏，更是将党史中的英雄榜样教育与学科教学相结合。这样的融学科学习，是学校努力改变空洞、机械的说教方式的结果。采用多学科联动的方式，去有效达成教育目标，既是对教材内容进行有效拓展和补充，又能对学生进行价值引领、精神激励和品格塑造，从而实现理想信念教育与学科教育的共融共生。

2. 操作实践：凸显学为中心价值导向

教育即生长是杜威的教育观点之一。他提出，教师应该创设五彩纷呈的情境、开展各种各样的活动，这样不仅能调动学生学习的积极性和主动性，还能培养学生的创新能力，让学生身心得到改造和发展。特别是在动手操作及活动过程中，学生可以把感性知识概括后上升到理性层面，从而让其终身受益。而此次融课程学习，正是基于这样的理念，让学生有了谷雨时节的种植体验，体会到可以用身体为尺，如步长、臂长等来测量长度，学会用数据说话，科学思考，让他们的综合实践能力得到提高，让书本中的周长、面积知识得到实践应用，也让学生的小组合作能力得到提高，这是课堂知识学习所不能达到的。而各班同学声情并茂的故事讲述、铿锵激昂的快闪演出、传唱红歌、红色体育游戏活动，以及鱼灯、红船等各种元素的美术作品的制作，都是学生学习的方式。这也体现学校以学生成长和发展为中心，以理想信念教育为目标，引导学生在行走中体悟，在探究中思考，在实践中深化，是学校落实立德树人根本任务，是引导学生坚定理想信念、厚植爱国情怀的重要载体。这是一次非常有意义的在学习中有效融入立德树人教育的美好课程。

3. 变革方式：拓宽教育边界提升素养

《义务教育课程方案（2022年版）》秉承核心素养导向，在深化教学改革部分明确提出推进综合学习，正是体现了对学生学习立场的考量，使得课程改革的关注点从学习内容走向学习主体、学习方式以及学习策略，拓宽了学习场域。本次融课程围绕红色基因展开多学科学习，在学习中一直坚持素养的内在逻辑，强调建立知识与生活间、知识与自我间的关联。学生在校园里齐心"学党徽"，用童心"描党徽"、细心"播党徽"、爱心"护党徽"，并由此生发多学科学习活动，他们的学习不再局限于教室，他们的学习活动场所可能在操场、在剧场、在军营、在广场，学习的方式也是操作、实践、表演、活动多方融合。这样的学习活动，在传承家国文化，感受红色历史，磨炼革命意志，提升身体素质和精神风貌中提升了学生的综合素养。

本课程种下的是"镰刀、锤头"的花朵，收获的是学生"爱国、爱党"的种子生根发芽后结成的果实。

第四章
夏慧心融课程

夏季，万物生长的季节，代表了万物勃勃向上之势，有奋发图强之精神，竞相成长之景象。

　　夏天象征着活力、热情和希望，缤纷绚丽，灿烂热烈，承接着春的生机，蕴含着秋的成熟。

　　夏天，不仅仅是一个季节，更是一种情怀，一种格调，一种精神！

　　夏慧心融课程，是敬重历史、传承文化的课程，旨在学传统，思善贤，爱祖国，铸就心怀爱国之情、笃行报国之志之魂，既丰富学生精神生活，又传承、弘扬中国传统文化。

第一节 "粽叶飘香五月五"端午节融课程

一、话说端午节

端午节是我国古老的传统节日之一,始于春秋战国时期,至今已有2000多年历史,是流行于中国以及汉字文化圈诸国的传统文化节日。传说战国时期的楚国诗人屈原在五月初五跳汨罗江自尽,后人亦将端午节作为纪念屈原的节日,也有纪念伍子胥、曹娥及介子推等说法。

端午节,又称端阳节、龙舟节、重五节、天中节等,时间在每年的农历五月初五,是集拜神祭祖、祈福辟邪、欢庆娱乐和饮食于一体的民俗大节。端午习俗内容丰富多彩,全国各地因地域文化不同而又存在着习俗内容或细节上的差异,这些节俗围绕着祭龙、祈福、禳灾等形式展开,寄托了人们迎祥纳福、辟邪除灾的愿望。端午传统民俗活动展演,既丰富了人民群众的精神文化生活,又很好地传承和弘扬了中华传统文化。

端午节与春节、清明节、中秋节并称为中国四大传统节日。端午文化在世界上影响广泛,不少国家和地区都有庆贺端午的活动。2006年5月,国务院将其列入首批国家级非物质文化遗产名录,自2008年起,被列为国家法定节假日。2009年9月,联合国教科文组织正式批准将其列入人类非物质文化遗产代表作名录,端午节成为中国首个入选世界非遗的节日。

二、课程背景

端午节是一种传统,也是一种文化,更是中华民族爱国主义的灵魂。如今"洋节"兴盛与传统节日衰落的反差,更凸显了对学生进行优秀传统文化教育的重要性。本课程以回顾端午渊源为载体,以多学科融合为契机,引导学生在课程学习活动中了解端午、认同端午、喜爱端午、过好端午,感受传统文化魅力,增进爱国主义情感,同时提高学生自己搜集资料、动手实践、解决问题的能力,最终提升学生综合素养。课程分微课程学习与综合实践活动两部分。

三、课程目标

认知目标：了解端午节的由来、美食、习俗、庆祝活动，以及关于端午节的诗词、歌谣等。

能力目标：通过动手实践、合作调查等引导学生自主发现问题、提出问题，并寻求各种途径处理、解决问题，提高综合实践能力。

情感目标：增进对端午文化的热爱之情，增强对传统文化知识的探究心理，厚植爱国情怀。

四、课程主题词

品味端午　传承文化

五、课程形式

线上微课程：用一个连贯的故事串联不同学科，把不同的学习要求融入各科教学中。

综合实践活动：包粽子、做香囊、划龙舟、到超市调查、设计端午小报等。

六、课程总体设计

故事人物：

牧牧，惜惜。

故事主线：

以主人公牧牧和惜惜观看赛龙舟场面开启学习之旅，经历以下活动：端午来历知多少(道德与法治)，汨罗江畔识屈原（语文），齐心协力赛龙舟（体育），歌声里的端午节（音乐），心灵手巧包粽子（劳动），我的香囊我做主（美术），调查实践话粽子（数学）。（见图4-1)

图 4-1　端午节融课程微课视频截图

七、课程实施

: 今天是农历五月初五，是我国传统节日——端午节，又称端阳节、重五节等。

: 端午节在我国有着 2000 多年的历史了，让我们先来了解一下端午节的来历吧。（见图 4-2）

图 4-2 牧牧和惜惜出场介绍

1. 道德与法治课——端午来历知多少

课程封面见图 4-3，具体学习汇总见表 4-1，视频内容见图 4-4。

图 4-3 道德与法治视频课程封面

表 4-1 道德与法治学习汇总表

教学目标	让学生深入了解与体会端午节所体现的忧国忧民、团结合作、孝亲敬长、珍爱生命的文化内涵，发挥端午节文化资源的德育功能，为传承弘扬端午节文化打下基础。
教学重点	认识端午，传承中华传统文化。
教学内容	《端午节的来历——屈原》学习视频： 屈原是楚怀王的大臣，备受楚怀王重用。这引起上官大夫及令尹

教学内容	子兰的嫉妒，于是诽谤屈原，离间楚怀王和屈原之间的关系，最后楚怀王将屈原放逐。眼见自己的国家濒临灭亡，屈原满怀悲愤，在写下了绝笔作《怀沙》后，抱着石头投汨罗江自尽。屈原死后，百姓哀痛非常，涌至汨罗江边纪念屈原。有的人把粽子、鸡蛋往江里面丢，希望喂饱鱼虾，使它们不去夺食屈原的尸体。还有人拿了雄黄酒倒进江里，希望药晕江里的蛟龙，使屈原的尸身不遭到伤害。因为屈原投江的那天是五月初五，从此以后，每年的这一天，人们便要划龙舟、吃粽子、喝雄黄酒来纪念屈原，还把艾草和菖蒲插在门上，用来避灾和防病。
学习任务	了解端午节的美食、习俗、庆祝活动，可以和长辈一起吃粽子，挂艾草、菖蒲等。
温馨提示	可以询问长辈、参与实践调查或上网查找资料。

图 4-4　视频内容截图

设计理念：

在端午佳节，家家都要吃粽子，学生仅仅把粽子当作美食，他们对端午节的认识和了解不深，但是小小的粽子却是中华历史文化传承的烙印。因此认识端午节，了解端午的由来、节日文化、美食、习俗非常重要。教育部印发的《中华优秀传统文化进中小学课程教材指南》中提到，道德与法治要注重传承崇德向善的传统美德，帮助学生了解中华优秀传统文化中蕴含的社会伦理和风尚。而端午节文化是中国传统文化的重要组成部分，将端午节文化资源用于道德与法治课中，再通过学生自主调查、学习，去了解端午节的习俗，体会屈原以自己的生命谱写的壮丽爱国主义精神以及端午的文化传承，使端午节的文化不断延续并发扬光大。

：每到端午节，家家户户都会挂艾草、菖蒲、吃粽子、饮雄黄酒、佩戴香囊等。今天我们俩就要带着大家过一个别具一格的端午节！我们出发吧！（见图4-5）

图 4-5　牧牧和惜惜介绍端午习俗

2. 语文课——汨罗江畔识屈原

视频课程封面见图4-6，具体学习汇总见表4-2。

图 4-6　语文视频课程封面

表 4-2　语文学习汇总表

教学目标	1. 认识历史文化名人屈原，感受屈原忧国忧民的爱国情怀，培养热爱祖国的思想感情。 2. 欣赏屈原的《离骚》并吟诵片段，进一步了解屈原，感受屈原的崇高品格。 3. 制作关于屈原的名人小卡片，纪念屈原，传承中华传统文化。
教学重点	认识历史文化名人屈原，感受屈原的爱国情怀，培养热爱祖国的思想感情。
教学内容	（一）认识屈原 　　屈原（约公元前340年—约公元前278年），战国时期楚国诗人、政治家。芈姓，屈氏，名平，字原；又自云名正则，字灵均。约公元前340年出生于楚国丹阳（今湖北秭归）。屈原是中国历史上第一位伟大的爱国诗人，中国浪漫主义文学的奠基人，被誉为"中

教学内容	华诗祖""辞赋之祖",是"楚辞"的创立者和代表作者,开辟了"香草美人"的传统。屈原的出现,标志着中国诗歌进入了一个由集体歌唱到个人独创的新时代。他被后人称为"诗魂"。 屈原也是楚国重要的政治家,早年受楚怀王信任,任左徒、三闾大夫,兼管内政外交大事,因遭贵族排挤毁谤,被先后流放至汉北和沅湘流域。公元前 278 年,秦将白起攻破楚都郢(今湖北江陵),屈原悲愤交加,抱着石头自沉于汨罗江,以身殉国。1953 年是屈原逝世 2230 周年,世界和平理事会通过决议,确定屈原为当年纪念的世界四大文化名人之一。他的主要作品有《离骚》《九歌》《九章》《天问》等。他创作的《楚辞》是中国浪漫主义文学的源头,与《诗经》并称"风骚",对后世诗歌产生了深远影响。 (二)欣赏《离骚》片段 帝高阳之苗裔兮,朕皇考曰伯庸。摄提贞于孟陬兮,惟庚寅吾以降。皇览揆余初度兮,肇锡余以嘉名:名余曰正则兮,字余曰灵均。纷吾既有此内美兮,又重之以修能。扈江离与辟芷兮,纫秋兰以为佩。汩余若将不及兮,恐年岁之不吾与。
学习任务	1. 欣赏了《离骚》片段,制作一张小小的名人卡片,纪念这位伟大的爱国诗人。 2. 屈原在《离骚》中提到的"江离""辟芷""秋兰"都是香草的名字,你可以查找资料,简单了解它们哦!
温馨提示	可以通过上网调查,自主学习屈原的其他诗歌哟!

设计理念:

有了对端午节来历的认识,学生了解到端午节的风俗与屈原有关,因此在语文学习中,通过视频学习了解屈原生平以及代表作品《离骚》,虽然《离骚》对小学生来说比较难懂,但是通过对它的片段的赏析,也能让学生知道《离骚》是屈原创作的诗篇,是中国古代最长的抒情诗,由此也能更全面地认识屈原。此诗以诗人自述身世、遭遇、心志为中心,表现了屈原高洁的精神追求,以及理想在现实面前破灭之后的精神困境。屈原浓厚的爱国情怀和不屈的精神,在学生心中留下烙印。有了对屈原的认识,学生怀着崇敬的心情融入自己对学习的理解,给屈原进行创造性的名片设计,不仅能对所学知识进行总结、概括,还能提升学生的设计与审美能力。

"加油，加油！"的呐喊声回荡在江边，牧牧和惜惜随着人潮来到了江边。原来，大家正在举行划龙舟比赛呢！他们也好想参与其中，但是因为年龄太小没能加入。不要紧，不能参加水上的划龙舟比赛，旱地赛龙舟也一样有意思呢！

3. 体育课——齐心协力赛龙舟

视频课程封面见图 4-7，具体学习汇总见表 4-3，教师示范见图 4-8。

图 4-7 体育视频课程封面

表 4-3 体育学习汇总表

教学目标	认知目标：通过学习，认识龙舟运动的起源以及发展。 技能目标：通过学习，掌握龙舟运动的基本技术。 情感目标：培养学生团队合作意识以及爱国情怀。
教学重点	学习划龙舟的动作，培养团队合作精神和爱国精神。
教学内容	按照视频里操作：举起船桨→船桨入水→用力划水→船桨跟着船鼓声划行→两边的船桨速度要保持匀速→完成。
学习任务	1. 先观看赛龙舟视频，再学习老师示范动作。 2. 先练习俯卧撑4组，每组10个，再做平板支撑4组，每组90秒。 3. 练习划龙舟。
温馨提示	1. 两手当作桨，身体当作龙舟。如有条件可以用木棍或棍状物品代替桨。 2. 掌握龙舟运动的基本技巧，赛龙舟中只有整个团队合作一致，才能够使龙舟又快又稳地前进。 3. 和爸爸妈妈一起试一试，也可以作为体育打卡项目上传到体育打卡栏中。

图 4-8 体育教师示范旱地划龙舟

设计理念：

端午节最典型、最古老的节俗活动之一就是赛龙舟。赛龙舟活动之所以流传至今，一方面是因为其本身具有一定的纪念意义和观赏价值，另一方面更是因为它所表达、承载的是团结、协作以及积极向上的进取精神。本课程的学习有两部分，一是看赛龙舟的视频，二是与家长合作做赛龙舟的游戏。在看赛龙舟视频时，学生会看到各团队成员为赢得胜利而团结一致、互相配合、奋力划向终点的场面，这种场面极具震撼力和感染性，在很大程度上能调动学生的情绪，有助于激发学生团结合作、奋力拼搏的精神；而学生在与家长合作赛龙舟游戏时，一方面会在运动打卡过程中坚持去做这样的游戏，从而提高他们的运动能力和协调能力，培养他们的团队协作能力，体会到全力以赴、团结合作的重要性；另一方面在无形中增进了家长和孩子之间的感情，让赛龙舟活动不仅仅是端午节的游戏，更是重要的教育资源，让学生和家长能经常在家进行游戏活动。

旁白

划了龙舟，牧牧和惜惜继续往前走，他们听到了优美的歌声，原来是《五五端阳节》，让我们一起来学唱吧！

4. 音乐课——歌声里的端午节

视频课程封面见图 4-9，具体学习汇总见表 4-4。

图 4-9 音乐视频课程封面

86

表4-4　音乐学习汇总表

教学目标	1. 通过学唱歌曲《五五端阳节》了解端午节习俗，激发学生对中国传统文化节日的喜爱之情。 2. 能用连贯优美的声音演唱歌曲，感受端午节的节日氛围。
教学重点	能用连贯优美的声音演唱歌曲，并在演唱中加入划龙舟的动作。
教学内容	1. 跟着视频学唱： 五月五，端午到，赛龙舟，真热闹。 吃粽子，戴香囊，蚊虫不来身边闹。 五月五，端午到，赛龙舟，真热闹。 吃粽子，戴香囊。蚊虫不来身边闹。 2. 加入划龙舟动作熟练演唱。
学习任务	能完整演唱歌曲《五五端阳节》，并能分享表演给小伙伴以及家人们。
温馨提示	把学会的歌曲表演给长辈看，祝福他们端午安康。

设计理念：

　　认识端午节，离不开粽子、龙舟和香囊。而《五五端阳节》是一首优美动听、节奏欢快的歌曲，歌曲富有童趣，通俗易懂，描绘了端午节的风俗民情。如这首歌中的歌词就重点突出了"吃粽子、赛龙舟和佩戴香囊"这些习俗，学生在唱这首歌时能够伴随着歌词，去体会"吃粽子、赛龙舟和佩戴香囊"的情境，并且在先前的体育学习中学生已经进行了赛龙舟的游戏，因此在演唱中要求学生加入自己创编的赛龙舟的动作，学生就能够得心应手把歌唱和律动有机结合。这样的歌唱，让学生能和端午节的情境共融，不仅萌发对民族文化的兴趣，同时感受端午节丰富的文化内容以及歌曲传递出的对爱国主义诗人屈原的思念和崇敬之情，让端午节更加融入学生生活，走进学生内心，也让节日文化变得生动、快乐。

旁白

　　在端午节里你最喜欢吃的美食是什么呢？是呀，一定是粽子。香香糯糯的粽子是怎么制作出来的，你想亲自参与一下吗？让我们一起来包一包粽子吧！

5. 劳动课——心灵手巧包粽子

视频课程封面见图 4-10，具体学习汇总见表 4-5。

图 4-10 劳动视频课程封面

表 4-5   劳动学习汇总表

教学目标	1. 在观看包粽子的视频中了解端午包粽子习俗的由来。 2. 自主学习了解包粽子的材料，并体验包粽子的过程，能包一个粽子。 3. 加深对中华传统节日的了解，培养爱国情怀。
教学重点	参与包粽子的过程，制作一个完整的粽子。
教学内容	1. 认识粽子的由来。 2. 包一个粽子。准备材料（包括箬叶的清洗、馅料准备）→裹粽子（尝试包出不同形状的粽子）。
学习任务	1. 了解箬叶的特点，观察糯米以及馅料的前后变化。 2. 了解各地区特有的粽子口味，说说你的发现。 3. 参与包粽子的过程，并尝一尝粽子。
温馨提示	把包好的粽子送给你最敬爱的长辈，让他们也享受你的劳动成果。

设计理念：

　　劳动是人类最基本的实践活动，劳动教育是社会主义教育的组成部分。陶行知认为："劳动教育的目的，在谋手脑相长，以增进自立之能力，获得事物之真知及了解劳动者之甘苦。"在端午节里，让学生亲自动手包粽子，一方面让学生了解拥有悠久历史的传统美食"粽子"的制作方法，体验通过劳动换取美食的快乐和满足感；另一方面让学生在包粽子的过程中，体会劳动实践和传统文化的魅力，并有尝试新事物的初心，这也彰显了学校坚持劳动育人的教育理念。而让学生自主去了解箬叶的特点，观察糯米以及馅料的前后变化，从科学角度去探究小小的粽子里隐藏着的学问，意在激发学生自主学习、自主探究的欲望。最后把自己亲手包的粽子送给长辈，传达粽子不仅仅是美食，更是千年味道的传承，是中华历史文化的价值和内涵的深刻表达。

🧒：惜惜，你闻闻这是什么味道呀？

🧚：咦，好像是中草药香。

旁白
> 牧牧和惜惜，闻香而至，来到了做香囊的店铺。原来人们正在做香囊庆祝端午节呢！我们也一起加入吧！

6. 美术课——我的香囊我做主

视频课程封面见图4-11，具体学习汇总见表4-6，视频内容见图4-12。

图4-11　美术视频课程封面

美术老师：香囊造型各异，色彩鲜艳，可以挂在腰上，或佩戴在胸前用来装饰，民间还有祛晦辟邪的寓意，也有保健养生的功效呢！同学们，你们也一起来做香囊吧，先观看学习视频，再制作哟！

表4-6　美术学习汇总表

教学目标	1. 通过多种途径了解有关端午节与香囊的知识。 2. 能运用纸材制作一个香囊，并用彩笔、彩纸装饰，锻炼动手能力，体验制作香囊的乐趣。 3. 加深对中国传统节日文化的了解，在香囊的制作与赠送中增进与亲人之间的情感。
教学重点	设计一只富有意义的香囊，表达对亲人朋友的祝福和愿望。

教学内容	视频： 1. 香囊小知识。 香囊由挂绳、香包、坠子三部分组成。 香囊色彩鲜艳，有各种丰富的造型。 老虎香囊：给小朋友挂老虎香囊，有以虎辟邪祈福，平安度夏的寓意。 不同的图案香囊寓意不同，例如鸟语花香、连年有余、多子多福、吉祥平安。 2. 学做小老虎香囊。 教学步骤：准备材料→彩纸对折画出小老虎轮廓→用剪、贴、画来表现小老虎的五官→制作挂绳和坠子→装香料→粘贴香囊轮廓→完成 3. 欣赏同龄小朋友的作品。
学习任务	运用纸材制作一个香囊，并用彩笔、彩纸装饰。
温馨提示	可以多做几个香囊，送给长辈或者朋友，还可以自己佩戴。

图 4-12 做香囊视频内容截图

设计理念：

  悠悠香囊味，浓浓端午情。佩戴香囊，是端午节传统习俗之一。学生在视频学习中，进一步了解到色彩鲜艳的端午香囊的基本构造以及多种造型。陆游的《冬夜读书示子聿》中有这样一句诗：纸上得来终觉浅，绝知此事要躬行。意思是说，从书本上得到的知识毕竟比较肤浅，要透彻地认识事物还必须亲自实践。因此在观看香囊制作视频后，让学生亲自动手制作香囊，可以让端午文化的传承内化于他们的作品当中，学生带着自己对端午香囊的理解制作香囊，在做的过程中，不仅提升动手能力、美术技能、解决问题的能力，还培养了学生的审美和创造能力。当香囊制作完成后，学生嗅着香气四溢的手工香囊，汲取着传统文化的人文精神和传统美德，感受到端午传统节日的独特魅力，也更好地传承和弘扬了中华优秀传统文化。

: 粽子是端午节期间不可缺少的传统美食，中国的粽子不仅馅料丰富多样，形状也是五花八门，有竹筒形、长方形、圆锥形、金字塔形、三角形等，但是最常见的还是"四角粽子"，也就是四面体形状的粽子。

: 粽子里面还有许多数学问题呢！请你做一个小小调查员，去超市里做一个关于粽子的调查吧，相信你通过调查会有很多收获哟！

7. 数学课——调查实践话粽子

课程封面见图4-13，具体学习汇总见表4-7。

图 4-13 数学视频课程封面

表4-7 数学学习汇总表

教学目标	1. 通过视频学习，了解粽子的形状、分类等知识。 2. 经历调查分析，了解市面上常见粽子的价格、产地等知识。 3. 运用小数相关知识以及调查的数据解决问题，提高综合应用能力。
教学重点	了解粽子的形状、分类、质量等知识解决问题。
教学内容	学习微课：从数学的角度了解粽子。
学习任务	1. 实践调查 调查市场或生活中粽子的形状、品质、价格等。

粽子的调查实践活动表

序号	种类	形状	质量	价格	产地
1					
2					
3					
4					
5					

2. 解决问题

续 表

学习任务	粽子的种类及价格				
	序号	选择粽子种类	单价/元	数量	总价/元
	1				
	2				
	3				
	4				
	3. 根据调查的信息，我提出的数学问题是：＿＿＿				
温馨提示	可以用自己的零花钱为长辈准备一份粽子，并算一算总价。				

设计理念：

　　教育应将人的发展置于中心位置，最终要回归到学生的社会性成长。为促进学生的社会性成长，需要推进更为综合的、注重实践与创新的学习，而小小的粽子里面藏着大学问。本次数学学习，重点落在调查实践学习活动中，让学生走进超市或者工厂去调查，注重现实情境下对真实问题的研究与解决。且这样的调查学习活动符合学生的认知特点、知识储备和兴趣点，他们以前更多的只是吃到不同的粽子，很少去思考粽子的不同种类、价格以及形状等，并且不同的粽子因为产地不同、馅料不同，价格也不同，这些都是很好的数学学习材料。低年级可以完成实践调查第一个问题，其他年级可以完成两个问题。这样的学习活动锻炼了学生的实践能力，他们需要走出家门，走进超市、工厂，去跟陌生人沟通，全方位去认识粽子、了解粽子，并用所学的小数知识解决粽子总价的实际问题。这是一种基于真实情境学习的活动，学生从传统的学科性学习走向综合性学习，引发他们深入思考与主动研究解决问题，在这个过程中，他们能自主寻找资源、应用信息去解决问题，让他们感知学习与生活息息相关。最后学生用自己的零花钱给长辈买一份粽子，让端午这一传统节日更具温情，也让优秀传统文化更落地。

八、学生学习

1.道德与法治学习：活动与实践

　　端午节一直是一个多民族的全民健身、防疫祛病、避瘟祛毒、祈求健康的民俗佳节。而道德与法治课里的端午节，更是给学生的自主学习以及通过活动参与、了解端午提供了学习平台。虽然学生知道，挂艾草、菖蒲是端午节很常见的，但只是看到了挂着的艾草、菖蒲，对它们所表达的寓意关注不多。此次道德与法治课学习中，要求学生通过自主上网查找资料或者询问长辈去了解端午习俗，在这样的自主学习或者调查活动中，学生对挂艾草、菖蒲这件事有了新的认识，他们会要求自己亲自把艾草、菖蒲挂在门上，还会喝熬制的鱼腥草汤用来健骨消滞、杀虫灭菌等。还有学生跟随家长一同参加端午节活动，比如射箭、包粽子、戴香囊、在额头上画"王"字等（见图4-14），端午节的文化与习俗在他们的心中变得更加生动立体。这也践行了学校提倡的"在行走中学习，在活动中成长，在实践中明理"的目标，让端午节过得更有仪式感也更有意义，端午文化也在学生心中生根发芽。

图4-14　学生参加各种实践活动

2. 语文学习：制作名人卡片

对于屈原，学生听说过，但是对屈原生平事迹的了解并不多。此次语文课的学习任务就是让学生自主查找资料了解屈原。在具体学习中，有学生通过上网查找资料，也有学生去图书馆查找资料，他们从屈原的生平事迹以及创作的文学作品中全方位、立体式地了解了屈原这位爱国诗人。他们知道了屈原是中国第一位伟大的爱国主义诗人，创立了楚辞，也开创了"香草美人"的传统，是中国浪漫主义诗歌的奠基人，他的代表作有《离骚》《九歌》《天问》等，也明白了"路漫漫其修远兮，吾将上下而求索"，表现了屈原的"求索"精神，这也成为后世仁人志士所信奉和追求的一种高尚品格。而让学生进一步去了解"江离""辟芷""秋兰"这些香草的名字，可以激发学生探究植物的兴趣，让他们在深入的学习中了解屈原把这三种香草写在诗歌中，其实是比拟诗人自己美好的品德和高尚的情操。最后，学生把屈原的生平事迹以及他的代表作等材料进行整合、布局、创意后，把自己最想表达的学习成果呈现在小小的人物名片上。虽然不同的学生创作的人物名片不同，但是共同之处是一定会画上屈原的人物形象，也会用一定的文字进行说明，可见学生对人物名片的设计有了一定的认知。这样的语文学习，带有项目化学习的味道，学生带着自己对屈原这一人物的理解，创作出了关于屈原的各种各样的人物名片（见图4-15）。这种学习方式也是学生喜欢的，他们喜欢自己查找资料，喜欢自由创造，而这样的学习过程，也让学生对端午文化的深远影响、端午文化的意义有了更深入的理解与思考。

图 4-15 学生创作的屈原人物名片

3. 体育学习：划旱地龙舟

赛龙舟是端午节习俗之一，也是端午节最重要的节日民俗活动之一，在中国南方地区普遍存在，在北方靠近河湖的城市也有赛龙舟习俗，而大部分是划旱龙舟舞龙船的形式。2011 年 5 月 23 日，经国务院批准，赛龙舟列入第三批国家级非物质文化遗产名录。对于这样经典的端午节活动，学生在家中能操作的就是旱地划龙舟。收看家长们录制的一段段划龙舟的视频，我们发现学生或在家门口，或在家里，与小伙伴或爸爸妈妈一起玩这样的游戏。有的学生还非常有创意，他们利用滑板作龙舟，用双手作桨，也有学生模仿视频教学中体育老师示范的样子划龙舟。在游戏过程中，无论是孩子还是家长，他们都是笑着、追逐着，非常开心地参加游戏，家长在游戏中会适当让着孩子，当孩子率先划到目的地后，孩子脸上露出的喜悦最让老师们动容（见图4-16）。这样的学习活动，不仅让学生体会到端午节划龙舟的意义，同时也提高了他们的运动技能，感受成功带来的喜悦，还增进了亲子之间的情感，这也是优秀传统文化教育的意义所在。

图 4-16 学生参与划旱地龙舟活动

4. 音乐学习：唱端午歌曲

《五五端阳节》这首歌不仅乐曲优美，而且歌词简单，通俗易懂。在简单哼唱后学生很快就会唱这首歌了。于是他们开始和小伙伴们一起思考划龙舟的动作，有两人一组的，也有三人一组、四人一组的。等到他们觉得对划龙舟的动作满意了，再配合演唱，表演给其他同伴看。这样简单而又朗朗上口的歌曲，学生在家里也能表演给家长看，甚至有学生一看到香囊、一看到粽子就会张口唱起这首歌，这样的氛围也感染着家长，许多家长通过孩子们的演唱也学会唱这首歌。通过这样的活动，把优秀的端午传统文化与歌曲演唱结合起来，让端午文化通过歌声表达，口口相传，端午的文化底蕴会深刻在学生血液中，从而激发学生对民族文化的兴趣和情感。

5. 劳动学习：体验包粽子

粽子作为端午节美食，很多学生都吃过，也品尝过不同的口味。但是粽子是怎样制作出来的，很少有学生知道，亲身参与包粽子的学生更少。本节劳动课就是让学生亲手包粽子，在实践中，他们知道了包粽子的原材料有箬叶、糯米、馅料等，并且在长辈的帮助下，一起参与浸泡箬叶、糯米，准备馅料，馅料有红枣、蛋黄、肉类、红豆等。在浸泡完成后，又清洗箬叶、糯米以及馅料等。准备就绪，学生在长辈指导下包粽子，也有学生到粽子加工厂跟工人一起学习包粽子。在这个学习过程中，他们收获了很多。学生分享：一开始粽子总是包不成功，糯米总是要漏出来，经过多次实践才慢慢学会包粽子。包粽子首先在箬叶的三分之一处折出空隙，然后放上糯米，再放上豆沙，最后铺上糯米，折叠箬叶，用线扎好。箬叶要先用盐水煮一下，这样不但能杀菌，还能使箬叶更有韧性，煮的时候不容易开裂。在捆扎粽子时，如果是豆沙粽不宜捆得太紧，防止米粒挤进豆沙中，会出现煮不透、糯米夹生的现象。绑线时要先在中间绑一次，再从一端绑向另一端，以防变形，并且绳子绑的松紧度要适宜，否则粽子会漏米或者进水。粽子一蒸熟我就迫不及待和家人一起分享，吃着自己包的粽子感觉味道特别好。我们吃到口中的食物是需要通过一道道工序、很多人的劳动才能够得到的，因此我们要特别珍惜食物，不浪费食物……（见图4-17）如果学生不亲自参与包粽子的过程，那么他们不会有这样深刻的体会，也感受不到食物的来之不易。因此，在端午节安排包粽子活动，不仅仅是培养学生动手实践的能力，也是学校倡导节约粮食、把"光盘行动"落到实处的一次无声胜有声的有意义的教育活动。

图4-17 学生参与包粽子活动

6. 美术学习：制作香囊

佩戴香囊是端午节的习俗之一，五颜六色、形式多样的香囊也深受学生喜欢。在具体制作中，学生的香囊分为两类。一类是用布料制作的，他们或请教长辈，或观看网上的香囊制作视频，先剪好布料，准备好坠子，以及芳香类的中草药，然后一针一线自己慢慢缝制，最终做成了一个个香囊，或自己佩戴，或送给长辈，用来防止蚊虫叮咬；另一类是用纸张制作香囊，他们观看了老师发布的学习视频，按照视频中的教程一步步制作，并用彩笔绘画或用彩纸装饰，最终完成了老虎香囊的制作。有的学生更喜欢自己创作，他们虽然也用纸质材料，但是把香囊做成了粽子形、鱼形、葫芦形、福袋形等，并根据自己的创意画图或者粘贴饰品。小小的香囊体现了学生无限的创意。学生非常享受这样的学习过程，指尖上的端午不仅提升了学生的动手能力、创

作能力，也让端午习俗深入学生内心，让中华传统文化源远流长。（见图 4-18）

图 4-18 学生制作香囊

7. 数学学习：调查实践

为完成此次数学学习，学生在超市里开展了大调查，这样的调查打开了学生的视野，他们用数学的眼光去了解粽子，观察粽子。学生在调查中发现粽子的种类特别多，有豆沙粽、蜜枣粽、肉粽、莲蓉粽等，质量有 120 克 1 只装的，有 280 克 2 只装的，有 500 克 5 只装的，等等，并且粽子的产地中嘉兴最多，价格有的不到 10 元，有的 10 多元，礼盒装的几十元甚至上百元。学生对计算粽子的总价很感兴趣，几乎所有的学生都完成了解决问题的内容，如有学生写豆沙粽的单价是 16.90 元，购买的数量是 2 袋，总价是 33.80 元，这样的计算涉及了小数，但是一、二年级的学生也在父母或者其他人的帮助下完成了总价的计算。很多学生最后还总结了自己的发现，比如粽子的口味可以分为甜、咸、碱等；礼盒装的粽子包装精美，价格比较贵，在同样质量的粽子中，肉粽的价格又是最贵的；从形状上看，粽子有方形、长形、正三角、正四角等多种形状……学生的潜力是无限的，给他们一个话题，他们能够发现许多老师也意想不到的内容，比如他们会根据包装袋上的质量分别去掂一掂，感受克和千克之间的关系；他们会读一读粽子的标价，进而发现商品的单价都是用两位小数表示的，于是提出问题，为什么物品的单价都用两位小数来表示？进一步探究发现这与人民币的单位"元、角、分"有关……这样的调查发现是意外收获，提升了学生自主发现问题并解决问题的能力。很多同学还会与粽子导购员沟通，了解哪类粽子销售最多，并提出建议，超市可以根据销售情况来确定明年多进哪些种类的粽子，这无疑是学生提升数据分析意识的一种最好的实践。我们也发现通过这次数学学习，很多学生感慨，虽然超市里一直有各种品牌、规格、种类、产地的粽子，但是以前在吃粽子时，根本没有去了解粽子的相关信息，也没有想到小小的粽子里包含着这么多数学问题（见图4-19）。通过此次数学学习，他们体会到数学与生活息息相关，数学来源于生活，能解决生活中的实际问题，意识到如果用数学的眼光去观察生活中的每一件事，真的会有很多的惊喜与发现。

图 4-19 学生在超市进行粽子调查活动

九、课程反思

在本课程实施前，学生对端午节的认识完全得益于粽子这一美食，因为在端午节，很多家庭都会吃粽子。虽然大多数家庭也会挂艾草、菖蒲，但是学生只看到艾草、菖蒲，很少会亲自去参与，有些家庭会给孩子佩戴香囊，也有很多家庭不会这样做，而赛龙舟离学生的生活更远。对学生而言，端午节在他们脑海中留下深刻印象的就是粽子，并且多数学生只是看到餐桌上家长准备好的粽子，拿来就可以吃。这表明学生对端午节的认识是不完整的，特别对于端午节的来历、端午节的文化内涵感受不深。如何让端午节与学生的学习生活相融合，让学生对端午节的认识与理解能够区别于原先的经验？基于此，以端午文化为主题，把多学科有机融合，以一个个小项目整体推进就成为本课程实施的路径。

1. 项目化实施——提升学生综合素养

本次融课程学习，学生不是静坐在整齐的桌椅前听教师系统地传授间接经验，而是把学习活动的主题，融合和统整在项目化学习过程中，并将超市、家庭、工厂、学校、图书馆、户外活动场所等都纳入学生的学习场所，学习的成果也不仅仅是完成笔头作业，而是围绕一个个驱动问题来展开，如调查端午来历、认识屈原、制作名人卡片、创作香囊、包粽子、探究粽子中的数学等，学生在不断地实践、自主探究中创作、验证、完善，最终获得自己的学习成果。他们融入社会实践，自主学习，积极主动地与他人沟通。这样的学习更加考验学生的自主学习能力、探究能力以及解决问题的能力。整个课程学习的目标就是培养学生全面发展，把教学过程看作"做"的过程，把学校里获取的知识与实际生活紧密联系，这正是杜威"做中学"理论的表现之一。

2. 多学科推进——弘扬优秀传统文化

传统文化不单单指古代诗文，还包括各地民风民俗、节气、方言、传统节日等。《国家"十一五"时期文化发展规划纲要》指出：在有条件的小学开设书法、绘画、传统工艺等课程，在中学语文课程中适当增加传统经典范文、诗词的比重，中小学各学科课程都要结合学科特点融入中华优秀传统文化内容。继续完善中华民族始祖的祭典活动，充分发挥春节、元宵节、清明节、端午节、七夕节、中秋节、重阳节等传统民族节庆的作用。可见弘扬与传承优秀传统文化非常重要。怎样让端午节文化能够深入学生内心？本次融课程，在充分挖掘端午节中小学生喜闻乐见的粽子、屈原、龙舟、香囊、艾草、菖蒲等文化元素后，把这些文化元素与多学科学习活动融合起来进行打造，使端午节的文化教育在学生学习中，不断入眼、入耳、入脑、入心，并由此提升学生的人文底蕴，弘扬中华优秀传统文化，培养爱国主义精神。

3. 父母协同——增强端午文化认同感

为让优秀的端午传统文化渗透到每家每户，此次融课程学习，基本都在校外、在家里，很多时候学生的学习活动是需要和父母协同完成的。比如学生在家里上网或者父母带去图书馆查找资料了解端午文化；与父母一起去超市调查粽子里的数学问题；和家人一起参与体验包粽子的全过程；与长辈一起挂艾草、菖蒲、做香囊；与父母一起玩划龙舟的游戏；和父母一起唱端午歌曲；在端午节当天和父母外出参加端午节相关活动；等等。学生在进行融课程的学习时，很多时候父母也在亲身经历，孩子们会把自己学到的内容和父母交流、沟通，端午文化也潜移默化中影响着家长，这就在无意识中增强了家长和孩子对端午文化的价值认同，让端午节过得更有仪式感，也让家长和孩子更能体会到生活中的趣味和美好，同时增强敬祖意识、亲情意识、家庭观念意识和爱国精神，从而形成中华民族的向心力。

第二节 "粽"情端午 快乐游考

一、话说游考

游考即"无纸化"考试，也称"乐考"，是针对小学低年级学生，利用游戏的方式对学生进行面对面测试的一种考试方式。它是一种"非纸笔"评价，旨在从学生的能力、品德、实践等方面出发，采用情景化、模块化、游园式的形式，彰显趣味性，凸显融合性，渗透教育性，关照差异性。游考力求通过生动有趣的考查形式，丰富多彩的考查内容，既检测学业水平，巩固所学知识，又检测学习态度、学习习惯，同时激发学生学习兴趣，提高学生的学习热情，达到减负增效的目的。它不仅是一种测评形式，更是一种价值引领。

每学期末，一、二年级都不进行纸笔测试，取而代之的是模块游考。而端午节多数在 6 月，在端午节后结合端午节元素进行模块游考便由此产生。在游考中，既让学生继续感受端午节，又让他们体会与端午节融课程学习中不一样的内容。此次游考主要在一、二年级进行，分为语文、数学、科学三大学科。

二、游考方案

语 文 篇

游考目的：

1.借助游考结合端午节活动,对本学期中学过的课文、古诗、汉字做一个整理回顾。

2.培养学生学习语文的兴趣,提升朗读课文、辨别古汉字、背诵古诗的兴趣和能力。

3. 对学生进行优秀传统文化渗透，培养学生爱国情怀。

材料准备：

1.3 份课文《端午粽》语段复印件；

2.3 个和"粽子"相关的古汉字；

3.1 张海报。

具体设想：

第一关："端午课文"读一读

任意抽取课文《端午粽》中的一个自然段，学生朗读。

具体要求：1. 读正确，不加字、不漏字、不读错字；2. 读流畅；3. 带着感情朗读。

评价标准见表4-8。

表4-8 评价标准表

评价等级	评价指标
★	能正确地朗读指定语段。
★★	能正确、流利地朗读指定语段。
★★★	能正确、流利、有感情地朗读指定语段。

第二关："粽里"汉字认一认

指认与"粽"相关的古汉字，分别为"米""豆""肉"。

评价标准见表4-9。

表4-9 评价标准表

评价等级	评价指标
★	能指认1个与"端午节"相关的古汉字。
★★	能指认2个与"端午节"相关的古汉字。
★★★	能熟练指认3个与"端午节"相关的古汉字。

第三关："夏季"古诗背一背

背出语文课本中学到的，或者是《经典诵读》中背诵过的描写夏季事物的古诗，如果学生想不起来，教师适当提示。

评价标准见表4-10。

表4-10 评价标准表

评价等级	评价指标
★	能在老师的提示下背出1首描写夏季事物的古诗。
★★	能流畅地背出1首描写夏季事物的古诗。
★★★	能流畅、有韵味地背出2首描写夏季事物的古诗。

数 学 篇

游考目的：

1.对"100以内加法和减法""认识人民币"和"解决问题"三大块知识进行巩固和拓展。

2.培养学生学习数学的兴趣，感受数学与生活的联系，能运用学到的知识解决实际问题。

3.对学生进行优秀传统文化渗透，培养学生爱国情怀。

材料准备：

1.5张介绍端午习俗的卡片；

2.8张粽子形状的口算卡片；

3.3张粽子价目表；

4.180份答题卡。

具体设想：

第一关：摘"粽"子

随机抽取6张口算卡片，学生正确快速地算出得数：

$62-5=$	$79-50=$	$58-9=$	$88-5=$
$52+8=$	$46+5=$	$27+40=$	$38+8=$

评价标准见表4-11。

表4-11 评价标准表

评价等级	评价指标
★	答对2题或者需在老师的提示下才能答对2题。
★★	答对4题或者需在老师的提示下才能答对4题。
★★★	能根据要求迅速地答对6题。

第二关：算"粽"价

出示粽子价格：

豆沙粽1元5角/个   蜜枣粽2元/个   猪肉粽3元5角/个

学生完成答题卡：（　）最便宜，买一个需要（　）元（　）角；猪肉粽比蜜枣粽贵（　）元（　）角；买一个蜜枣粽和一个豆沙粽需要（　）元（　）角。

评价标准见表 4-12。

表 4-12　评价标准表

评价等级	评价指标
★	正确解答其中 1 题。
★★	正确解答其中 2 题。
★★★	正确解答 3 题。

第三关：赛龙舟

端午节举行赛龙舟比赛

1.龙舟 1 号上有 14 个男生，10 个女生，龙舟 1 号上一共有多少人？

2.龙舟 2 号上走了 8 个人，还剩下 11 个人，龙舟 2 号上原来有多少人？

3.看台上原来有 40 个观众，走了 20 个，又来了 5 个，现在看台上有多少个观众？

评价标准见表 4-13。

表 4-13　评价标准表

评价等级	评价指标
★	能在老师的提示下解答其中 1 个问题。
★★	能解答 2 个问题。
★★★	能解答 3 个问题。

科　学　篇

游考目的：

1. 对"植物"知识点和学生动手操作能力进行巩固和拓展。

2. 培养学生学习科学的兴趣，感受科学与生活的联系，能学以致用。

3. 对学生进行优秀传统文化渗透，培养学生爱国情怀，用心体会我国传统节日蕴藏的意义。

材料准备：

1.6 种不同的植物叶子；

2.3 张彩色打印的植物图片（艾叶，菖蒲，芭蕉叶）；

3.180 份答题卡。

具体设想：

第一关：说一说粽子里的材料

要求学生说出粽子里有什么材料。（无论是甜粽还是咸粽）

提示：

1. 肉粽：糯米、猪肉、香肠、板栗、酱油。

2. 蛋黄粽：糯米、五花肉、咸蛋黄、酱油。

3. 碱水粽：糯米、五花肉、眉豆、花生米、食用碱。

4. 什锦粽子：糯米、莲子、绿豆、香菇、咸鸭蛋、五花肉、虾仁。

评价标准见表 4-14。

表 4-14　评价标准表

评价等级	评价指标
★	能说出 1 个粽子里面的材料。
★★	能说出 2 个粽子里面的材料。
★★★	能说出 3 个及以上粽子里面的材料。

第二关：找箬叶

准备 6 种植物的叶子，要求学生在里面找出箬叶。

评价标准见表 4-15。

表 4-15　评价标准表

评价等级	评价指标
★	需要辨认较长时间才能找出箬叶，并能说出箬叶的 1 个特点。
★★	需要辨认十几秒才能找出箬叶，并能说出箬叶的 2 个特点。
★★★	迅速找出箬叶，并能说出箬叶的 3 个特点。

第三关：识叶子

准备艾叶、菖蒲、芭蕉叶 3 种叶子的彩色图片，要求学生能将叶子名字放在对应叶子的图片下面。

评价标准见表 4-16。

表 4-16　评价标准表

评价等级	评价指标
★	答对 1 种叶子名称。
★★	答对 2 种叶子名称。
★★★	答对 3 种叶子名称。

温馨提示：每一门学科都根据游考的实际情况，给学生一个综合评价，并发放等级卡。等级分为优秀、良好、合格、需努力4级。（2个三星和1个二星及以上为优秀，3个二星及以上为良好，其余为合格。无法答出正确结果为需努力。）

语 文 篇

游考目的：

1.结合端午节活动，对端午习俗、与端午有关的词语、与夏季的有关古诗词等进行讲述与诵读。

2.培养学生的语言表达能力、识字能力、诵读能力，同时理解表达季节的诗歌的韵味，增加学生学习语文的兴趣。

3.对学生进行优秀传统文化渗透，培养爱国情怀，提升语文素养。

材料准备：

1.3张写有端午相关词语的卡片；

2.3张和夏季有关的古诗词卡片；

3.3张有关各地端午习俗的卡片。

具体设想：

第一关：个个"粽"关情

1.闯关方式：提前准备好写有与端午有关词语的卡片，学生准确读出相关词语。

2.组织形式：学生在带队老师的带领下进入考场内，在规定的时间内进行现场诵读，考官根据学生朗读情况，进行星级评定。

评价标准见表4-17。

表4-17　评价标准表

评价等级	评价指标
★	能用普通话正确、流利地朗读词语，能准确读出2—3个词语。
★★	能用普通话正确、流利地朗读词语，能准确读出4—5个词语。
★★★	能用普通话正确、流利地朗读词语，能准确读出6个词语。

第二关：句句"粽"意里

1.闯关方式：学生背诵与夏季有关的古诗词。

2.组织形式：学生排队进入考场内，在规定的时间内进行现场背诵古诗，考官根据学生背诵情况，进行星级评定。

评价标准见表4-18。

表4-18　评价标准表

评价等级	评价指标
★	缺乏自信，音量小，背诵不够流畅，能大致背诵1首与夏季有关的古诗词。
★★	态度自然大方，有一定自信心，能用普通话较完整地背诵2首与夏季有关的古诗词。停顿合理，节奏恰当。
★★★	态度自然大方，表达有自信，能用普通话完整地背诵3首与夏季有关的古诗词。停顿合理，节奏恰当。

第三关：条条"粽"味传

1.闯关方式：每名学生可提前在课内或课外了解关于各地端午节的习俗，现场向考官讲述。

2.组织形式：学生排队进入场内，现场向考官讲述自己了解到的各地端午节的习俗，考官依据学生讲述的情况进行星级评定。

评价标准见表4-19。

表4-19　评价标准表

评价等级	评价指标
★	表达不流畅，缺乏自信心。能说出1—2种习俗。
★★	说普通话，表达较流畅，有一定的自信，能说出3—4种习俗。
★★★	说普通话，语言表达流畅，态度自然大方，能说出5—6种习俗。

数　学　篇

游考目的：

1.对本学期中的"混合运算""克与千克"和"解决问题"三大块知识进行巩固和拓展。

2.培养学生学习数学的兴趣，感受数学与生活的联系，能运用学到的知识解决实际问题。

3. 对学生进行优秀传统文化渗透，培养学生爱国情怀。

材料准备：

1.5 张介绍粽子的卡片；

2.8 张粽子形状的口算卡片；

3.3 张粽子价目表；

4.160 份答题卡。

具体设想：

第一关：称"粽"量

出示粽子介绍卡片：1 个肉粽的配料有糯米、饮用水、猪肉、酱油、白砂糖、食用盐、味精、白酒等。我知道 1 个粽子一般都是 200—300（　　）（填"克"或"千克"），这 2 个数都是（　　）（填"三位数"或"整百数"），1 个粽子的重量跟（　　）差不多。

评价标准见表 4-20。

表 4-20　评价标准表

评价等级	评价指标
★	正确填写其中 1 个答案。
★★	正确填写其中 2 个答案。
★★★	正确填写 3 个答案。

第二关：摘"粽"子

教师出示口算卡片，学生正确快速地算出得数：

6600 ＋ 500 ＝　　　　450 － 60 ＝　　　　3000 ＋ 70 ＝　　　　7000 ＋ 3000 ＝

评价标准见表 4-21。

表 4-21　评价标准表

评价等级	评价指标
★	算对 2 题或者需在老师的提示下才能算对 2 题。
★★	算对 3 题或者需在老师的提示下才能算对 3 题。
★★★	能根据要求迅速准确地算对 4 题。

第三关：解"粽"问

鲜肉粽 500 克 20 元　豆沙粽 500 克 12 元　八宝粽 500 克 15 元

1. 买 1500 克鲜肉粽和 1000 克豆沙粽一共要多少钱？

2. 买 1000 克豆沙粽和 1000 克八宝粽一共要多少钱？

3. 买 1500 克鲜肉粽和 1000 克八宝粽一共要多少钱？

教师在展板中出示粽子价目表，学生自主选择一个问题并解答。

评价标准见表 4-22。

表 4-22　评价标准表

评价等级	评价指标
★	需要在老师的提示下解答其中 1 个问题。
★★	能根据老师的提示解答 2 个问题。
★★★	能自主快速解答 3 个问题。

科 学 篇

游考目的：

1. 对本学期中的"磁铁"知识点和学生动手操作能力进行巩固和拓展。

2. 培养学生学习科学的兴趣，体会科学与生活的联系。

3. 进行优秀传统文化渗透，培养学生爱国情怀。

材料准备：

1. 180 张长方形纸；

2. 1 块条形磁铁、1 个用铁制作的粽子。

具体设想：

第一关：认磁铁

准备条形磁铁，要求学生说出磁铁的南北极、南北极分别用什么字母表示、磁铁能够吸引的物质。

评价标准见表 4-23。

表 4-23　评价标准表

评价等级	评价指标
★	说出磁铁能够吸引什么，说出条形磁铁南北极和对应的字母（1 点答对）。
★★	说出磁铁能够吸引什么，说出条形磁铁南北极和对应的字母（2 点答对）。
★★★	说出磁铁能够吸引什么，说出条形磁铁南北极和对应的字母（4 点答对）。

第二关：说一说粽子里的材料

要求学生说出粽子里有什么材料。

提示：

1. 肉粽：糯米、猪肉、香肠、板栗、酱油。

2. 蛋黄粽：糯米、五花肉、咸蛋黄、酱油。

3. 碱水粽：糯米、五花肉、眉豆、花生米、食用碱。

4. 什锦粽子：糯米、莲子、绿豆、香菇、咸鸭蛋、五花肉、虾仁。

评价标准见表4-24。

表4-24　评价标准表

评价等级	评价指标
★	能说出1个粽子里面的材料。
★★	能说出2个粽子里面的材料。
★★★	能说出3个及以上粽子里面的材料。

第三关：折龙舟

准备长方形纸，要求学生折出1只龙舟（龙舟要求整洁、美观）。

评价标准见表4-25。

表4-25　评价标准表

评价等级	评价指标
★	需要较长时间折出1只龙舟（不够整洁、美观）。
★★	需要一些时间折出1只龙舟（一般）。
★★★	快速折出1只龙舟（美观、整洁）。

温馨提示：每一门学科都根据游考的实际情况，给学生一个综合评价，并发放等级卡。等级分为优秀、良好、合格、需努力4级。（2个三星和1个二星及以上为优秀；3个二星及以上为良好，其余为合格。无法答出正确结果为需努力。）

三、材料准备

为让游考更加能体现端午节元素，老师们在设计游考题目时，都融入了端午节的元素，比如游考卡（见图4-20和图4-21）、游考指示牌（见图4-22）、一道道闯关题（见图4-23—图4-28）。在游考中，学生拿着游考卡，解答一关关的问题，不知不觉中似乎又在过端午节，这样的游考活动弱化了"考"的分量，增加了玩的成分，让学生们在玩中学，在学中玩。

图 4-20　二年级游考卡正面

（本游考卡由南海实验学校惠民桥小学校区贺燕超老师设计）

图 4-21　二年级游考卡反面

图 4-22　语文、数学、科学游考指示牌

图 4-23　二年级数学第一关

   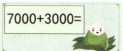

图 4-24　二年级数学第二关

鲜肉粽　　　　　　豆沙粽　　　　　　八宝粽

500克20元　　　　500克12元　　　　500克15元

图4-25　二年级数学第三关

图4-26　二年级语文第一关

图4-27　二年级语文第二关

图4-28　二年级语文第三关

四、游考反思

　　以端午节元素为题材进行的游考，是"粽叶飘香五月五"端午节融课程的延续，并且三大学科齐头并进，每个学科设置了三关，如果说先前的融课程是综合实践性的学习，那么此次游考活动更多的是从知识层面进行学习。

　　语文：端午节还可以挖掘哪些与语文相关的元素，同时这些内容又适合一、二年级学生？老师们首先想到的是与端午节有关的词语，分别是采艾蒿、粽叶飘香、香嫩糯米、龙舟竞渡、屈志从俗、五月端阳，这些词语带有浓厚的端午文化色彩，学生在高声读诵中透过词语去体会它们的意境。如读到"龙舟竞渡"，学生脑海中出现的是激烈热闹的赛龙舟场面，读到"粽叶飘香、香嫩糯米"，学生又联想到了粽子这一

111

美食，等等。在认一认与粽子材料有关的古汉字——米、豆、肉中，学生不仅知道了粽子的材料，更是与古汉字结缘。很多学生第一次知道古汉字，他们会进一步去探究古汉字、发现古汉字、查阅古汉字，这样的学习为学生打开了历史典籍，也是学生对话古代文明的一把钥匙。在背诵描写夏季事物的古诗词中，学生了解了端午节正处于夏季，体会了夏季有关的诗歌中表达了诗人怎样的感情。通过这样的游考活动，学生在潜移默化中继承了中华传统文化，提升了文学素养、文化自信、思维能力，同时也锻炼了学生的诵读、表达能力，拓宽了学生的学习视野。

数学：在数学学习中，以粽子为话题，列出"1 个粽子一般重 200—300（　　）（填"克"或"千克"），这两个数都是（　　）（填"三位数"或"整百数"），1 个粽子的重量跟（　　）差不多"这些问题。要解决这些问题，考查的是学生对质量单位克和千克的了解，以及对生活中物体重量的估计，培养学生的估计意识。出示的一道道带着粽子元素的计算题，让学生感觉很新奇，他们看着题目似乎是在与粽子对话，算起来格外认真，并且希望自己不要算错，似乎如果计算错误，就会错失香糯的粽子。这培养了学生认真仔细的学习习惯以及准确计算的能力。在以粽子为素材解决问题中，创设了赛龙舟比赛的情境，要求学生计算龙舟上和看龙舟的人数，或者告诉粽子的质量及价格，如鲜肉粽 500 克 20 元、豆沙粽 500 克 12 元、八宝粽 500 克 15 元，让学生自主解决"买 1500 克鲜肉粽和 1000 克豆沙粽一共要多少钱？买 1000 克豆沙粽和 1000 克八宝粽一共要多少钱？买 1500 克鲜肉粽和 1000 克八宝粽一共要多少钱？"这 3 个问题。这对学生来说有一定的挑战，但是他们却非常认真，面对复杂的信息，能够根据问题挑选有效信息并进行解答，让数学与生活实际紧密结合，体会数学在生活中的作用，体会问题解决的快乐。

科学：在端午节融课程学习中，学生已经知道了箬叶，当箬叶与其他叶子混在一起时，他们是否还能认出来？于是我们准备了 6 种相似的叶子，让学生观察叶子，认识叶子并找出箬叶，并说出箬叶的一些特征，为后续学生进一步研究叶子、观察叶子积累经验，同时去思考为什么包粽子用箬叶，而不用其他叶子，这与它的样子、材质都有关系。要求学生说出粽子的材料，是让学生对在端午节融课程中动手包粽子这一活动进行口头的提炼与表达，进一步去理解食物的组成。呈现铁做的粽子，主要是结合教材中磁铁单元的学习内容，不仅复习磁铁的相关知识，同时也学以致用，让学生理解，同样是粽子，由于材质不同，作用也不同，铁做的粽子，更多地用来观察与实验，而用糯米包的粽子，是一种可以享用的美食。折 1 只龙舟的活动，既锻炼学生的动手能力、想象能力，也让学生体会到劳动创造的意义，进一步感受端午文化。

第三节 幼小衔接 传承文化

一、话说幼小衔接

幼小衔接指的是幼儿教育与小学教育的衔接。处于幼儿园与小学阶段的学生具有不尽相同的身心发展特征，解决好幼儿教育与小学教育的衔接问题，对于促进人的可持续发展，提高教育质量都具有重要意义。

2021年3月30日，教育部发布《教育部关于大力推进幼儿园与小学科学衔接的指导意见》，针对长期以来存在的幼儿园和小学教育分离、衔接意识薄弱、过度重视知识储备、衔接机制不健全等问题，提出了一系列有针对性的重要举措。《义务教育课程方案（2022年版）》也指出要加强学段衔接，包括注重幼小衔接，基于对学生在健康、语言、社会、科学、艺术领域发展水平的评估，合理设计小学一至二年级的课程，注重活动化、游戏化、生活化的学习设计，依据学生从小学到初中在认知、情感、社会性等方面的发展，合理安排不同年级的学习内容，体现学习目标的连续性和进阶性。

南海实验学校惠民桥小学校区是首批舟山市幼小衔接试点校（园），在端午节前夕参加全市幼小衔接活动，要推出课堂教学，那么如何基于学科融合开展幼小衔接活动呢？在新课程背景下，学科联合育人的要求日益增加，学科边界越来越模糊，各学科教学在凸显学科本质的同时，增强了知识的融合度，可以说学科间"你中有我，我中有你"。有了先前端午节融课程的教学，老师们首先想到的是学生最熟悉的端午元素——粽子，并把美术与语文融合，在具体实施中，把一节课分为两个20分钟，前面20分钟上语文课，主要是通过"猜一猜、认一认、说一说"三个环节来呈现，后面20分钟上美术课，主要通过"学一学、包一包"两个环节进行，并且基于目标导向，通过逆向设计，在一年级学生中开展教学。

二、了解逆向设计

在日常教学中，我们做教学设计时，往往根据教材内容一步步进行设计，很少会从终点——如内容标准和理解的结果目标开始设计。《追求理解的教学设计》一书指出：逆向设计是一种设计课程或单元的过程，它是指在设计开始就已经在脑海中清楚其结果，并且为了达到该结果而进行设计。逆向设计的核心是"以终为始"，是一种先确定学习的预期结果，再明确预期结果达到的证据，最后设计教学活动以发现证据的教学设计模式。教师在进行教学设计时，首先要确定预期结果，也就是学生在学习后达成的标准和目标，并且学习证据、学习任务和学习评价是紧密联系在一起的。换句话说，教师通过学习任务检验学生是否正在学习，学习是否正在发生，从而评估学习和评价学生。

逆向设计有三个阶段：

阶段1：确定预期结果。也就是学生应该知道什么，理解什么，能够做什么？什么内容值得理解？什么是期望的持久理解？

阶段2：确定合适的评估证据。老师如何知道学生是否已经达到了预期结果？哪些证据能够证明学生的理解和掌握程度？教师要根据收集的评估证据（用于证实预期学习是否已完成）来思考课程。

阶段3：设计学习体验和教学。教师要思考几个关键问题，比如学生要有效地开展学习并获得预期效果，他们需要哪些知识（事实、概念、原理）和技能（过程、步骤、策略）？根据表现性目标，需要哪些内容？要指导学生做什么？如何用最恰当的方式开展教学？

三、教学实践

一年级（语文、美术）学科（端午粽）内容实施单如下。

预期结果

所确定的目标：

1. 通过猜谜了解包粽子需要用到的材料，并学习粽子的制作步骤，能运用彩色黏土独立制作一个口味独特的粽子。

2. 观察认识古汉字"米"，通过描一描、说一说，积累词语素材，提升学生语言运用能力和思维能力。

3. 培养学生的观察、操作、表达及审美能力，渗透优秀传统文化。

学生将理解：	基本问题：
1. 古汉字"米"的样子及写法。	1. 请你试着把这些材料连起来，完整地说说包粽子需要哪些材料。
2. 用上词语组成一句完整的话。	2. 请你照样子说一说你想包什么粽子。
3. 包粽子的材料以及包粽子的步骤。	3. 你知道这只可爱的小粽子是怎么做的吗？

学生能够做什么？

1. 包端午粽需要用到的材料，能说出……的箬叶、……的糯米、……的馅料，能比较完整地造句。

2. 会认识各种各样的馅料，能用上"我喜欢……我想用……"和"……包一个……粽"进行练习，说说自己想要包的粽子。

3. 知道包粽子的步骤，能运用彩色黏土自己动手实践包粽子。

评估证据

表现性任务证据：	其他证据：
1. 小组合作、交流。 2. 口头表达、描出古汉字。 3. 包一个有创意的粽子。	现场包黏土粽子，向所有人大方介绍自己包的端午粽的口味，分享浓浓端午情。

课中实践

一、猜一猜

师：老师为大家带来了一个谜语，谁能来读一读？

出示：我在青山竹蓬蓬，上山进岙将我寻，请我回家吃饱饭，绳子一根将我捆。

师：哪位小朋友知道谜底？

生：是粽子。

师：你是怎么猜到的呀？

生：因为竹蓬蓬就是箬叶，吃饱饭就是把饭包在箬叶里，再用绳子一根捆起来就是包粽子。

师：是的，我们包粽子用的是箬叶，吃饱饭是指包粽子需要用的材料有糯米和馅料。请大家找到材料筐中的箬叶，看一看，摸一摸，闻一闻，你有什么发现？

生：我发现箬叶宽宽大大的，两边是尖尖的，摸上去有一点点不平整，闻起来有淡淡的香味。

师：能试着把这些材料连起来，完整地说说包粽子需要哪些材料吗？

生：包粽子需要用到箬叶、糯米、绳子和馅料。（教师板书）

师：你在最后一个词语前用上了"和"，整句话就说得更清楚了，谁能学着他的句式再来说一说。

师：五月五，是端午。端午节快到了，今天我们就一起来学习包"端午粽"。

（设计意图：从猜谜语引入，一下子激发了学生的学习兴趣。在学生猜出谜底是粽子后，老师又非常自然引出包粽子的材料有"箬叶、糯米、绳子和馅料"，这是本次融课程学习最关键的素材。而学生对箬叶不了解，因此为每个学生准备了真正的箬叶，学生通过看一看、摸一摸、闻一闻认识了真实的箬叶，而用一句完整的话把这些素材连起来，不仅让学生认识粽子，了解粽子，还培养了学生的表达能力。）

二、认一认

1. 想一想

师：老师带来了一种包粽子要用到的材料，你们猜这是什么？

出示：

甲骨文

生：这个是"米"，因为它的 6 个点就像一颗颗小米粒。

师：你猜得真准，它就是古汉字"米"，古代的人看到的"米"字就是这样的。

2. 描一描

师：这个"米"字怎样写呢？让我们一起来描一描。描古汉字可以按照从上到下、从左到右的顺序，请大家拿起小毛笔，描 2 个"米"字。

提醒书写姿势：写字时注意头正、身直、脚放平。

将优秀学生的作品贴在黑板上进行评价。

3. 组一组

师：看到"米"字，你可以组哪些词语？

生：可以说"一粒米"。

生：如果有许多米可以说"一粒粒米"。

师：包粽子需要许多糯米，那我们可以怎么说？

生：可以说"一粒粒糯米"。

（设计意图：借助包粽子的材料"米"，呈现甲骨文中的"米"字让学生猜，学生根据"米"字呈现的米粒散乱之状，一下子就猜了出来，而用小毛笔描一描"米"字，让学生充分感受象形字是依照事物的形体，来描绘出它的轮廓和特征的。最后用"米"组词，让学生体会一粒米与许多米的不同表示方法。）

三、说一说

1. 认馅料

师：为了让粽子更好吃，人们在糯米里添了各种各样的馅料，你吃过什么馅的粽子？

生：我吃过肉粽、红豆粽。

师：老师今天也带来了一些馅料，就藏在你们材料筐里，请你们找一找，并和同伴们认一认，再说一说你想包什么粽。

2. 连词成句

师：老师最喜欢红豆粽，老师想用糯米和红豆包一个红豆粽。你能用上你手中的馅料学着下面的样子先和小组内的小伙伴说一说，再上台来和大家说一说吗？

出示：我喜欢（　　　）粽，我想用糯米和（　　　）包一个（　　　）粽。

生：我最喜欢鲜肉粽，我想用糯米和鲜肉包一个鲜肉粽。

生：我最喜欢红枣粽，我想用糯米和红枣包一个红枣粽。

生：我最喜欢蛋黄粽，我想用糯米和蛋黄包一个蛋黄粽。

生：我最喜欢火腿粽，我想用糯米和火腿包一个火腿粽。

生：我最喜欢板栗粽，我想用糯米和板栗包一个板栗粽。

师：他们说得真好，我们把大拇指送给他们。

（设计意图：学生从材料筐中挑选了自己喜欢的粽子的馅料卡片，照着例句先小组交流，让每个同学有发表自己想法的机会，同时也锻炼每个学生连词成句的能力。学生上台和全班同学一起分享。每说完一种馅料，老师就把馅料卡片贴在黑板上，让全体学生对粽子的馅料有完整的认识，同时也让他们理解每一种粽子因馅料不同名称也不同。）

四、学一学

1. 交流方法

师：大家分享了各种口味的粽子，你们知道粽子是怎么包的吗？大家先互相讨论交流一下。

反馈：

生：先要把箬叶折一下，然后放上糯米，再放上馅料，最后铺上糯米，折叠箬叶，用绳子捆好。

师：小朋友说得很不错，包粽子先选择喜欢的馅料和糯米放在箬叶上，然后将叶片包起来，最后扎上绳子，一个小粽子就完成了。

师：这是一个不一样的小粽子，你们想知道这个可爱的小粽子是怎么做的吗？请你仔细观看视频，一会儿老师请小朋友来回答。

2. 梳理步骤

生：视频里的粽子是先把写着馅的纸条折起来放进圆圆的小球里，然后包进绿色的黏土里，用尺子刻出叶子的纹路形状，再用黄色的黏土搓成细细长长的绳子包粽子，最后贴上眼睛和蝴蝶结就完成了。

师：你说得很好，我们一起来回顾一下制作步骤。

①裹：将喜欢的馅料放在糯米上裹起来。

②包：用绿色黏土做箬叶将馅料包住，借助尺子将黏土压成三角形，并用尺子画出箬叶纹理。

③扎：用黏土搓成细细的绳子捆扎粽子。

板书：选材料　裹箬叶　扎绳子

师：大家归纳得真好，你想不想尝试制作可爱的粽子宝宝？请你用材料筐里的材料根据刚才所学的方法制作一个口味独特、造型有趣的粽子宝宝吧。

（设计意图：通过讨论交流让学生了解包粽子的过程，再经过口述明确包粽子的步骤，为之后用彩色黏土材料包裹粽子打好基础。视频教学不光能吸引学生注意力，更能够清晰展示制作粽子的全过程，学生带着问题观看视频能够有目的地学习，提高教学效率。）

五、包一包

1. 学生实践

师：请你利用彩色黏土等材料运用所学的包粽子方法制作一只口味独特、造型有趣的端午粽。

2. 师巡视指导

白白糯米裹馅料　　　绿绿黏土做箬叶　　　细细绳子紧紧扎

3. 展示作品

师：完成的同学用小竹筐装好粽子，上台来介绍你的小粽子，并说说你粽子的口味。

（设计意图：课堂作业是评价学生学习掌握程度的重要途径，在操作时提醒学生制作要点能帮助他们更好地创作作品。从包粽子到话粽子，一直紧紧围绕端午主题开展教学活动，学生从认识粽子的原材料"米"的甲骨文，到手捧创意独特的小粽子，让无形的知识化为有形的具象事物，并寄情其中。）

六、理一理

师：今天这节课，我们不仅认识了粽子，还体验了包粽子的乐趣，制作了各种口味的粽子。我们包的不仅仅是粽子，更是传承几千年的传统佳节。让我们再用歌声来吟诵端午，让这一份传承在歌声中延续。

五月五，是端午。插艾草，戴香囊。吃粽子，蘸白糖。龙舟下水喜洋洋。

（设计意图：本环节是对学生进行端午优秀传统文化传承的总结性教育，而用歌声来吟诵端午，既符合一年级学生的年龄特征，也是想让传统文化的特点，融入学生内心。）

（本设计由南海实验学校惠民桥小学校区舒思思和沈若凡老师供稿）

四、教学反思

幼小衔接工作的推进需要政研共推，双向奔赴才能构建真正基于儿童视角的衔接课程，课程的终极目标是发展学生的能力。本节课是在舟山市级幼小科学衔接工作推进会上的一节展示课，并且线上线下同步开展。课程基于逆向设计的理念，先确定最终要达成的目标，再有效设计、课堂实践。教学在结合端午传统佳节知识点的同时，创设了真实情境，将课程拆解重组，让孩子真实体验，并把课程按由浅到深的梯度在一年级实施教学，将"融"理念贯穿始终，一堂课，双内容，两教师，多维度。教学始终围绕端午文化"粽"做文章，不仅侧重低年龄学生发展所需要的趣味性，在课堂中穿插音频、视频、猜谜等环节，还串联了各学科特点。语文方面，结合节日文化发挥孩子们的主体作用，在说话练习中训练表达能力，认识生字。美术方面，以手工制作的方式让学生学习包粽子的技巧，让他们亲手做一个粽子，手脑结合，合作学习，培养孩子动手能力的同时更是提升其团队合作交流能力。融课程的理念在这节课中得到很好的呈现与诠释。同时课程也实现了联合育人的目标，学生的文化自信、语言运用能力、思维能力、审美创造能力及动手能力得到培养，端午优秀传统文化在学生的诵读与操作中有效落地，深入学生内心并生根发芽。这样的学习方式让学生印象深刻，也让我们思考怎样进一步立足学生、着眼发展，怎样基于问题深入探究，形成以优秀传统文化为主线的幼小衔接课程，从而形成优秀的幼小科学衔接的典型范式。

第五章
秋孝心融课程

秋季是一年四季中夏后冬前的季节，是个收成之季。

秋天的颜色是最丰富多彩的，是金黄的、火红的、蔚蓝的……

秋天是绚丽多姿的，是富有诗意的，是充满希望的。

秋孝心融课程，是融感恩、祝福、团圆、美好于一体的课程，旨在借助仪式感的引导，让学生拥有孝心、爱心和责任心，能心怀感恩、善于祝福，并感悟团圆美好的家国情怀。

第一节 "皎皎明月诉团圆"中秋节融课程

一、话说中秋节

每年的农历八月十五是中秋节。中秋节是我国的传统节日之一，又称祭月节、月光诞、月夕、秋节、仲秋节、拜月节、月娘节、月亮节、团圆节等。中秋节与春节、清明节、端午节并称为中国四大传统节日。2006年5月20日，经国务院批准，中秋节列入第一批国家级非物质文化遗产名录，自2008年起被列为国家法定节假日。

中秋节起源于上古时代，普及于汉代，定型于唐朝，是秋季时令习俗的综合，其所包含的节俗因素，大都有古老的渊源，自古便有祭月、赏月、吃月饼、看花灯、赏桂花、饮桂花酒等民俗，后逐渐演化为赏月、颂月等活动。

中秋节来源于古代秋分祭月的传统，节期是在干支历二十四节气"秋分"这天，后来因为"秋分"在八月内每年不同，也并不是每年的秋分都会有圆月亮，而后逐渐约定俗成，将祭月的日子固定，后来才将中秋节定为农历的八月十五。受中华文化的影响，中秋节也是东亚和东南亚一些国家，尤其是当地华人华侨的传统节日。

中秋节以月之圆兆人之团圆，为寄托思念故乡、思念亲人之情，同时祈盼丰收、幸福，成为弥足珍贵的文化遗产。

二、课程背景

中国传统节日是一座文化宝库，但传统节日往往只是抽象的时间，而非具体的生活，这不利于保护和弘扬优秀传统文化。中秋团圆是中华儿女的共同心愿，具有巨大的教育价值。基于此，在中秋传统佳节来临之际，让学生充分了解中秋风俗习惯，了解节日的渊源、形成，民间各种不同的庆祝方式，以及其所承载的中国所独有的文化内涵就很有其必要性。学生参与体验中秋节吃月饼、庆团圆、送祝福的意义，有助于增强他们的文化认同、国家认同和自豪感，增加学习兴趣，从而增强节日文化理念，让节日真正给学生及其家庭带来快乐与幸福。那么怎样把中秋传统文化融合成形式多样、内容丰富的课程资源，让学生在继承与发扬中华民族深厚的优秀传统文化中，主动学习中国传统文化知识呢？于是就有了中秋节融课程。

三、课程目标

1.培养主动了解、探究中秋节的热情，感受我国传统节日的独特魅力，积淀博大精深的优秀传统文化内涵。

2.激发探索欲望，培养自主学习能力、处理信息能力、动手实践能力、主体参与意识和团结合作精神，逐步形成分析和运用资料的能力，提升综合素养。

3.加深对中华优秀传统文化的理解和认同，增强民族自豪感，培育家国情怀，铸就民族之魂。

四、课程主题词

团圆　祝福　美好

五、课程总体设计

课程分课堂教学、家庭实践（见表5-1）和调查研究三方面进行。

表5-1　一至五年级家庭实践学习内容安排

年级	内容	呈现方式
一至五年级	按照自己设计的家庭中秋活动方案，和家人过一个快乐的中秋节，并把自己制作的精美爱心卡送给自己最亲近的人，传达感恩祝福之情。	爱心卡照片、视频等。
一年级	准备中秋节的故事。	评选中秋故事大王。
二年级	结合自己家过中秋节的场景，选择一首古诗配一幅画。	诗配画作品。
三年级	画一画我眼中描写中秋的古诗。 去超市了解月饼的品种、价格、购买人群等，完成数学调查日记。 制作以月球信息为主题的剪切手抄报。	中秋古诗配画作品； 数学日记； 月球剪切手抄报。
四年级	写一写自己和家人过中秋的场景，图文结合。 创编一个分月饼的故事，由故事引发分数加、减法问题并解决。 调查、收集关于月球的相关知识。	图文结合作品； 故事创编学习单； 月球百科知识单。

年级	内容	呈现方式
五年级	制作咏月书签，写一篇有关中秋节的周记。到超市调查5—6种月饼单价，创编购买月饼的加法、减法、乘法的实际问题并解决。制作以月球信息为主题的剪切手抄报。	书签和周记；月饼问题调查单；月球剪切手抄报。

六、课程实施

1. 道德与法治课——走进中秋节

①话说中秋。收集有关中秋节的来历、习俗、美食等知识、图片，在课上交流、讨论、展示，走近中秋文化。

②赏月、话月、品月饼。分享自己带来的月饼，先介绍，从品种、味道、价格、包装等方面说一说，再与他人共同品尝。

③节目会演。表演与中秋有关的歌曲、诗歌等。

一、二年级课程设计单、三年级课程设计单、四年级课程设计单、五年级课程设计单如下。

（1）一、二年级（道德与法治）学科（走进中秋节）课程设计单。

预期结果	
所确定的目标： 1. 通过收集资料了解有关中秋节的传说、风俗及有关的诗词等。 2. 感受中国的传统文化，培养热爱祖国的思想感情。 3. 热爱生活，乐于参与，勤于动手，学会与人分享，体会学习活动带来的快乐。	
学生将理解： 中秋节的传说、风俗和相关的诗词、歌曲，感受中国传统文化。	**基本问题：** 1. 你能说说中秋节的相关习俗吗？ 2. 你准备怎样和小伙伴分享月饼？ 3. 你能来表演一些节目吗？
学生能够做什么？ 1. 以个人或合作的形式进行活动交流，促进主动参与，提升与人合作的技能。 2. 通过了解中秋节相关内容，了解社会生活和风土人情，感受传统文化之美。	
评估证据	
表现性任务证据： 1. 学生交流自己收集的关于中秋节的传说、风俗和有关诗词、歌曲，培养主动参与、与人合作的技能。	**其他证据：** 表达能力、与人合作能力、朗诵能力、表演能力等。

2. 通过分享月饼,体会分享带来的乐趣,学会分享。

3. 独自或者与同伴一起表演节目。

教学设计

一、介绍中秋节的习俗
你知道中秋节有哪些习俗吗?

预设:吃月饼、玩花灯、猜灯谜……

小结:中秋节是月亮最圆的时候,是团圆的日子。

二、了解中秋节的来历
1. 中秋节是中国四大传统节日之一,你能正确说出四大传统节日是哪四个吗?

预设:春节、清明节、端午节、中秋节。

2. 中秋节是中国非常重要的传统节日,你知道中秋节的来历吗?

要求:先在小组内交流,再以小组为单位上台汇报,其他小组补充。

三、中秋故事
1. 引入:中秋节是一个温馨、极富诗情画意的"月圆人团圆"的节日。中秋节最有名的传说故事就是嫦娥奔月了,让我们一起来听一听嫦娥奔月的故事吧。

2. 学生扮演嫦娥姑娘来介绍中秋节的其他习俗。

3. 介绍中秋节有趣的传统习俗,如拜月娘、拜土地公等。

四、分享月饼
1. 介绍自己的月饼。

2. 相互分享月饼,体会分享的快乐。

五、节目表演
表演与中秋有关的歌曲、诗歌等。

(本设计由南海实验学校惠民桥小学校区董晓玲老师供稿)

(2) 三年级(道德与法治)学科(走进中秋节)课程设计单。

预期结果

所确定的目标:

1. 了解中秋节的来历和风俗习惯,培养获取信息的能力,提升好奇心和求知欲。

2. 介绍有关中秋节的故事。

3. 学习中秋节文化,诵读中秋童谣和诗歌,激发爱国热情和民族自豪感。

学生将理解:

中秋节是中国的传统节日,在每年的农历八月十五那一天,家人们要聚集在一起赏月、吃月饼。知道中秋节的故事——嫦娥奔月。

基本问题:

1. 中秋的来历、习俗是什么?

2. 古人是如何过中秋的?现代人又是如何过中秋的?有何创新?

3. 古人写了很多关于中秋的古诗,表达的是什么感情?

学生能够做什么？

1. 搜集中秋来历、习俗、传说、古诗等资料，学会筛选和整理，并制作成一份交流资料，与同学分享交流。

2. 讲中秋有关的动人故事，听听"吴刚伐桂""嫦娥奔月"，读读中秋古诗，念念中秋童谣，感受中秋文化。

3. 带中秋月饼，与同学、老师一起分享品尝。

评估证据

表现性任务证据：

1. 学生搜集相关中秋资料，并制作成一张作品集，上交班级展示。

2. 上课时能上讲台清楚、响亮、自信地分享所知道的中秋知识。

其他证据：

1. 能讲出 3 个以上中秋节的习俗。

2. 背诵一首关于中秋节的古诗。

3. 能够讲述中秋故事。

教学设计

一、谈话导入

今天我们一起欢聚一堂，在这里举行"话中秋，品月饼"的少先队活动课，一起来感受中秋佳节。

二、了解中秋来历

画外音：中秋节是月亮最圆的时候，是团圆的日子。你们知道中秋节的来历吗？请同学们根据收集的资料上来分享。

1. 学生分享交流。

2. 教师根据学生所述内容适当补充拓展。

3. 小结：中秋节的活动围绕"月"进行，所以人们还称中秋节为月节。农历八月十五的时候月亮圆满，象征团圆，所以也叫团圆节。

三、知晓中秋习俗

1. 你们知道中秋节有哪些习俗吗？小组内交流分享。

2. 小组上台分享。

3. 教师适当补充拓展资料。

课件呈现：

祭月、赏月、拜月：早在周朝，古代帝王就有"春分祭日、夏至祭地、秋分祭月、冬至祭天"的习俗。《礼记》载："天子春朝日、秋夕月。朝日之朝，夕月之夕。""夕月之夕"， 即在夜晚祭拜月神。此习俗从宫廷一直影响到民间。

玩花灯：中秋之夜，天清似水，月明如镜，可谓良辰美景，然而人们并未对此满足，于是便有燃灯以助月色的风俗。常见的有以下几种：

①学生在家长协助下于农历八月十五前十几天就用竹纸扎成兔子灯、莲花灯等应节花灯。

②学生还会手提各式花灯在月下游嬉玩赏。

③有些成年人会在政府允许之处放孔明灯，用纸扎成形状较大的灯，灯下燃烛，热气上腾，使灯飞扬在空中，引人欢笑追逐。

吃月饼：中秋节吃月饼源于民族拜月的仪式。人们以月饼、各色水果等奉献给月神，月神"享用"祭品之后，人们再分切月饼。后来人们逐渐把中秋赏月与品尝月饼作为家人团圆的一大象征，慢慢地，月饼也就成了节日的必备礼品。

四、讲述中秋故事

画外音：中秋节是月圆当空的美好节日，是人们团圆的大好日子，这一天，人们往往要坐在一起，讲述美好的中秋故事，我们有请班级里的几位同学，给我们讲讲关于中秋的动人故事。

学生1：讲述"吴刚伐桂"的故事。

学生2：讲述"吃月饼的传说"。

关于中秋，还有一个耳熟能详的故事，那就是"嫦娥奔月"，我们一起来观看了解。播放动画故事《嫦娥奔月》。

五、诵读古诗庆中秋

画外音：中秋之夜，月色皎洁，古人把圆月视为团圆的象征。古往今来，人们常用"月圆、月缺"来形容"悲欢离合"。客居他乡的游子，更是以月来寄托深情，留下许多千古绝唱。我们请搜集到描写中秋诗词的同学上来深情地朗诵。

1. 学生代表上台朗诵。

2. 教师出示诗词，如《静夜思》《古朗月行》《月夜忆舍弟》《水调歌头》等，学生一起诵读。

六、美味月饼共品尝

画外音：我们了解了中秋的来历、习俗和故事，也通过诵读古诗词来庆祝中秋，接下来我们要来品尝美味的中秋美食——月饼。

1. 说说月饼的品种、味道、包装等。

2. 月饼是中秋美食，怎样吃才健康？

3. 如何处理月饼盒？（回收、做工艺品等）

一边聆听《水调歌头》，一边分享品尝美味月饼。

七、结束语

同学们，了解了那么多关于中秋节的知识，采用了那么多形式来庆祝这个传统佳节，我相信我们每个人心中有个共同的最美好、最传统的愿望，那就是：花常开，月常圆，人常在！希望我们是一个完整的大家庭，就像中秋节的月亮一样团团圆圆！

（本设计由南海实验学校惠民桥小学校区鲁婷老师供稿）

(3) 四年级（道德与法治）学科（走进中秋节）课程设计单。

预期结果

所确定的目标：
知道中秋节是我国主要的传统节日，了解中秋节的由来及习俗，提高搜集资料的能力以及语言表达能力，弘扬优秀传统文化。

学生将理解：

1. 中秋节的由来及习俗。

2. 由祭月传统而来，与嫦娥奔月、吴刚伐桂、玉兔捣药等神话故事相融合，各地习俗不一，但都表示对自然的敬畏。

基本问题：

1. 你知道中秋节是哪一天吗？

2. 中秋节背后有什么有趣的故事吗？

3. 你熟悉的中秋习俗有哪些？

4. 你打算怎么过中秋？

学生能够做什么？

1. 了解中秋节是我国主要的传统节日，了解中秋节的由来及习俗。

2. 能说出与中秋或月亮有关的诗。

3. 能够完成家庭过中秋的方案，完成中秋手抄报。

评估证据

表现性任务证据：

1. 中秋猜谜；中秋习俗大比拼；对月飞花令。

2. 能背诵一首关于月的古诗；能说出有关中秋节的习俗；能制订过中秋的方案。

其他证据：

1. 通过问答题、手抄报、家庭中秋方案证明自己达到了预期结果。

2. 通过课堂问答、班级手抄报、方案设计比赛检验自己的水平。

教学设计

一、猜谜导入，激发兴趣

引入：同学们，你们喜欢猜谜语吗？老师说一个谜语，你们来猜猜看。

谜语：迎佳节，庆丰收，歌舞表演乐融融。月饼香，月饼甜，全家欢乐大团圆。是什么节日？

二、中秋由来、习俗

1. 中秋来历我知晓

提问：大家都查找了中秋节的来历和习俗，能和大家来分享一下吗？

预设：八月十五中秋节（仲秋节、月节、团圆节等）。

播放：关于中秋节还有一个传说，相传月亮上的广寒宫前，桂树生长繁茂，有五百多丈高，下边有一个人常在砍伐它，但是每次砍下去之后，被砍的地方又立即合拢了。几千年来，就这样随砍随合，这棵桂树永永远远也不能被砍倒。据说这个砍树的人名叫吴刚，是汉朝西河人，跟随仙人修道后到了天界，但是他犯了错误，仙人就把他贬谪到月宫，日日做这种徒劳无功的苦差事，以示惩处。这就是"吴刚伐桂"的传说。

2. 中秋习俗知多少

关于中秋节的习俗你们有查到哪些资料呢？

预设：李白诗中有"欲折月中桂，持为寒者薪"，中秋节的习俗有吃月饼、团圆饭，赏月。

月饼的来历：据说有一年中秋之夜，唐玄宗和杨贵妃赏月吃胡饼时，唐玄宗嫌"胡饼"名字不好听，杨贵妃仰望皎洁的明月心潮澎湃，随口而出"月饼"，从此"月饼"的名称便在民间逐渐流传开。

三、七嘴八舌话中秋

活动一：猜灯谜。

活动二：老师和同学一起分享中秋怎么度过。

活动三：说一说与中秋或月亮有关的诗。

预设：嫦娥奔月、玉兔捣药……

床前明月光，疑是地上霜。

举杯邀明月，对影成三人。

暮云收尽溢清寒，银汉无声转玉盘。

小时不识月，呼作白玉盘。又疑瑶台镜，飞在青云端。仙人垂两足，桂树何团团。

白兔捣药成，问言与谁餐？

四、歌舞活动庆中秋

活动一：节目表演。

活动二：品尝并分享月饼。

五、布置作业

1. 设计家庭中秋方案。

2. 拍一拍我的中秋 vlog。

（本设计由南海实验学校惠民桥小学校区舒思思老师供稿）

(4) 五年级（道德与法治）学科（走进中秋节）课程设计单。

预期结果
所确定的目标：
1. 了解中秋民族风俗，传承民族文化，弘扬民族精神。
2. 增强爱父母、爱家、爱祖国的感情，感悟节日带来的快乐与幸福。

学生将理解：	基本问题：
1. 中秋节所蕴含的文化内核，了解节日，了解中国传统文化。	1. 你知道中秋节的由来、习俗、美食吗？
2. 中秋节的来历，中国各地过中秋的风俗。	2. 你知道中秋节的起源及一些民间故事吗？
	3. 你能介绍中秋月饼吗？

学生能够做什么？
1. 了解中秋节的来历，中国各地过中秋的风俗，关于月亮的传说故事，月饼的种类及制作等相关知识。
2. 能够整理资料，合作完成中秋小报。

评估证据

表现性任务证据：

1. 根据分配到的任务，课前搜集有关中秋的相关知识。

2. 课后小组整理一些相关中秋知识，设计完成小报，进行中秋知识宣传。

其他证据：

通过讲述、设计小报等形式，把自己了解到的中秋知识介绍给身边的人。

教学设计

一、活动导入

你知道我国有哪些传统节日吗？中秋节的由来、习俗你们知道吗？今天就让我们走进中秋节去了解一下。引出主题"中秋月圆知多少"。

二、中秋节由来

1. 中秋节的由来

引入：同学们，在天气晴朗的夜晚，天上有什么？它像什么？

预设：有月亮。月亮像玉盘、像圆饼。

想一想：月亮在最圆的时候是什么日子？

预设：农历每月十五。

你知道中秋节的来历吗？和大家一起来分享一下吧。

2. 中秋节的传说与民间故事

你能讲讲有关中秋节的传说、起源及一些民间故事吗？

预设：嫦娥奔月等。

学生讲述嫦娥奔月的故事。

引导队员讲述不同版本的传说，如吴刚伐桂、玉兔捣药等。

小结：看来中秋节是最有人情味、最富诗情画意的一个节日。

3. 队员介绍中秋节的习俗

引入：听了中秋的传说故事，请"嫦娥通们"来给我们介绍中秋节有趣的传统习俗吧。

小结：八月十五中秋节的时候月亮圆满，象征团圆，所以也叫团圆节。它起源于上古时代，在唐朝初年成为我们国家固定的节日，这也是我国重要的传统节日之一。中秋节的另一个说法是：农历八月十五这一天刚好是稻子成熟的时刻，每家都拜土地神，中秋节可能是秋报的遗俗。

三、中秋佳节话月饼

引入：月饼的外形——圆，象征团圆，代表阖家团圆。饼中有馅，表面有花纹，花纹主要有月亮、桂树、玉兔等。（欣赏月饼图片若干张，介绍月饼的种类）

1. 你知道中秋月饼的种类有哪些吗？（学生介绍）

2. 说一说：中秋节为什么要和家人一起吃月饼？

3. 送月饼、分享月饼。

4. 表演相关节目。

大家一起吃月饼，体验班级大家庭的温暖和团圆。（配乐）

四、总结

同学们了解了那么多关于中秋节的知识，又为过今年的中秋节出了那么多好主意，虽然大家采用各种各样的形式来庆祝这个传统佳节，但每个人心中有个共同的最美好、最传统的愿望，那就是：花常开！月常圆！人常在！

（播放苏轼的《水调歌头·明月几时有》）

（本设计由南海实验学校惠民桥小学校区乐海红老师供稿）

设计理念：

中秋节是我国的传统节日，是民族文化的重要组成部分，有着丰富的民族特色和文化底蕴。对中秋节的认识很多学生只是停留在吃月饼上，因为月饼是家家户户必备的美食，但是对于中秋节的来历、习俗、歌曲、民谣等，很多学生并不清楚。因此在各个年级开展"走进中秋节"少先队活动，让学生去探究、了解它的历史渊源，去体会中华民族节日的特点、韵味、情感，从而喜爱传统节日，并借助中秋佳节的"团圆"之意，理解"团圆"在民族文化中的特殊含义，重视亲情、同伴之间的友情，从而增强他们爱同伴、爱集体、爱祖国的情感。在少先队活动课上，我们安排了三个环节，主要从"说—食—演"三个板块让学生对中秋节有全面的认识，且年级不同，要求也不同，体现了一个循序渐进的过程。第一个环节话说中秋，所有的内容需要学生前期通过自主收集、查找相关资料后才能进行，培养了学生自主探究、主动学习、收集整理资料的能力。第二个环节以月饼为主线，让学生用自己带来的月饼开启月饼交流会，并在交流中介绍品种、味道、价格、包装等方面的信息，培养了学生的交流表达能力。同时，在与别人分享月饼的过程中，让学生感受分享的快乐，培养学生的优秀品德、人际交往及社会融入能力。第三个环节是学生表演与中秋有关的歌曲、诗歌等，学生可以单独表演，也可以和小伙伴一起表演。这样的一节课，基本浓缩了中秋的相关内容，并且整节课都由学生串联，这也是学生先前自主学习表现性的一种评价。

2.语文课——中秋诗歌知多少

以诗作欣赏，融入中秋故事和节日来源，由校及家，话中秋。学生自主设计家庭庆中秋方案，并结合课堂学习，在家中把中秋方案进行实践。

一年级课程设计单、二年级课程设计单、三年级课程设计单、四年级课程设计单、五年级课程设计单如下。

(1) 一年级（语文）学科（我爱中秋节）课程设计单。

预期结果

所确定的目标：

1. 激发主动了解中秋节的热情，感受我国传统节日的独特魅力。

2. 通过讲故事比赛，培养语言表达能力、表演能力，提升语文素养。

3. 培养认真倾听、欣赏他人、与他人合作的能力。

学生将理解：	基本问题：
1. 中秋节作为中国四大传统节日之一，是庆祝丰收、祈盼团圆的节日。 2. 中秋节的由来及相关的神话故事。 3. 中秋节的习俗：赏月、吃月饼、玩花灯、赏桂花。	1. 你知道中秋节是怎么来的吗？ 2. 你还知道哪些与中秋节有关的神话故事？ 3. 中秋节到了，你们家准备怎么过中秋节？

学生能够做什么？

1. 介绍自己设计的家里过中秋节的场景、方案。

2. 收集一个关于中秋节的故事并能够声情并茂讲给大家听。

3. 动手完成一张精美的中秋节主题贺卡。

评估证据

表现性任务证据：	其他证据：
1. 完成一张精美的中秋节主题的贺卡，送给身边最亲近的人。 2. 完整叙述一个关于中秋的神话故事。	通过课堂的随机问答判断学生是否达到预期目标。

教学设计

一、我家中秋这样过

1. 复习中秋习俗

预设：吃月饼、赏花灯、猜灯谜。

2. 我家的中秋节

（1）学生交流自己设计的家庭中秋假期安排方案。

（2）学生相互点评各个方案，并评比出最有意义的 5 则中秋方案。

二、中秋神话我知道（故事大王比拼）

1. 小组成员先在组内分享自己收集到的有关中秋节的故事，然后每个小组推荐一位故事讲得最棒的学生向全班讲故事。

2. 由全班学生推选出班级里的"故事大王"，老师颁发"故事大王"奖状。

三、设计中秋节主题贺卡

1. 小组合作：交流贺卡里可以画一些什么。

2. 学生自主设计贺卡。

3. 展示评价。

4. 回家后把设计的贺卡送给长辈。

（本设计由南海实验学校惠民桥小学校区刘金超老师供稿）

(2) 二年级（语文）学科（中秋访"桂"）课程设计单。

预期结果

所确定的目标：

1. 观察"木"字的古汉字形体，描述古汉字"木"的象形结构，发现带有"木"这一部件的汉字大多和树木有关的规律。

2. 口头交流自己观察到的特别的花、叶、果，在对话中感受"树"的生命成长。

3. 结合中秋节传统文化，联系学校实际，感受学校"木槿"文化，产生对"木槿花"的喜爱之情。

学生将理解：	**基本问题：**
1. 中秋节、桂花等。	1. 木槿花为什么能成为我们学校的校花？
2. 古汉字"木"的象形结构。	2. 中秋节时，我们能用桂花做哪些美食？

学生能够做什么？

1. 了解带有"木"这一部件的汉字大多和树木有关的规律。

2. 在生活中观察特别的花、叶、果。

3. 了解桂花和中秋节的关系，我们学校和木槿花文化的关联。

评估证据

表现性任务证据：	**其他证据：**
1. 口头交流、表达能力。	课后继续观察身边的其他树木，查询更多的资料，形成自己的树木观察日记。
2. 观察古汉字形象。	
3. 画一幅家庭过中秋的小报。	

教学设计

一、复习课文，导入"树木"

1. 复习课文《树之歌》，导入新课，有节奏地背诵课文《树之歌》。

2. 回顾树名，出示词卡。朗读表示树名的词语。

3. 结合生活实际，说说在生活中见过的其他树。

预设：教室窗前的槿树；马路边上的樟树；桑树、梨树、桃树等各类果树。

观察这些字，你有什么发现？

预设：以上词语都是树木的名称，都带有一个偏旁"木字旁"。

4. 观察古汉字"木"，结合古汉字形体，发现"木"是一个象形字；同时积累词语"树梢""树根""树枝"。

小结：木的本义就是树，木字旁的汉字大多和树木有关。发现"梢""根""枝"都是木字旁的汉字，和树木的意义有关。尝试猜一猜下列树名怎么念：椿树、鹅掌楸、榉树。

二、探究"树"的意义变化

1. 分享自己见过的特别的树叶、果子、花等信息。

预设：木槿树叶放在水中能搓出泡泡；桃花在春天开放，粉红色的，很漂亮；秋天，银杏果会落到地上，我们经常捡着玩……

2. 读一读：桂花、枫叶、松子、白果。

小结：叶、果、花使树成为更加完整的生命个体，一年四季，轮回变化。

三、结合中秋传统文化，联系学校实际，感受"木樨"文化

1. 认识木樨花。

说一说学校的校花。预设：桂花，又叫木樨花。

小结：桂花颜色金黄，让人喜爱；香气浓郁，能制作各种美食，中秋节有喝桂花酒的习俗。它的花型小，一团团、一簇簇，令人喜爱。寓意着谦虚、真实、美好，大家都是成长在木樨校园中的木樨精灵。

2. 背一背古诗《古朗月行》。

3. 说说怎样做一个受人喜爱的、像木樨花一样美好的人。

四、课后作业

画一幅家庭过中秋的小报。

（本设计由南海实验学校惠民桥小学校区江燕玲老师供稿）

（3）三年级（语文）学科（嫦娥）课程设计单。

预期结果

所确定的目标：

1. 能正确、流利、有感情地朗读古诗，背诵古诗，体会诗中丰富的意境。

2. 了解诗中蕴含着的民间传说，能用自己的话讲嫦娥奔月的故事。

学生将理解：	基本问题：
1. 从古诗《嫦娥》中了解其蕴含的神话传说。 2. 能从诗中体会作者丰富的想象力与情感。	你能从古诗《嫦娥》中读出嫦娥奔月的传说吗？

学生能够做什么？

1. 反复诵读古诗，体会古诗的节奏感。

2. 借助嫦娥奔月的传说，感受文化的瑰丽与神奇。

3. 能自主诵读古诗，知道这是一首与中秋月圆有关的古诗，并收集与此相关的学习资料。

评估证据

表现性任务证据：	其他证据：
1. 能流利、有节奏、有感情地诵读古诗。 2. 借助古诗说一说嫦娥奔月的故事。	1. 给古诗《嫦娥》配画。也可收集与中秋有关的古诗，并给古诗配画。 2. 自评自己的配画。 3. 互评，选出自己最喜欢的古诗配画。

教学设计

一、激趣引入

1. 出示嫦娥图。

提问：关于嫦娥，大家都知道哪些知识？

预设：嫦娥奔月的故事，古诗《嫦娥》。

2. 走近诗人李商隐。

提问：你知道《嫦娥》这首诗是谁写的吗？

预设：唐代诗人李商隐。

交流课前收集到的关于李商隐的资料。

二、学习古诗

1. 初读古诗。

出示：云母屏风烛影深，长河渐落晓星沉。嫦娥应悔偷灵药，碧海青天夜夜心。

要求：自读古诗，读准字音，读通诗句。

出示生字词，指名读，并指导正音。

指导生字"屏、烛、晓、偷"的书写。

2. 细读古诗。

要求：读出节奏，读出韵律。

思考：这首诗哪几句押韵，押韵的是哪些字？

预设：本诗一、二、四句押韵，押韵的字是"深""沉""心"，都是前鼻音。

你能把这首诗读出画面感吗？

要求：边读边想，你仿佛看到些什么？你看到的景象或人物是什么样的？把想象画面说一说。

师生共同讨论交流说说诗的大意。

3. 品读古诗。

提问：读完了这首诗你有什么感受？

你认为在这首诗中最能表达作者情感的词是哪个或哪些？

讨论：嫦娥为什么而后悔？

有感情地读诗句：嫦娥应悔偷灵药，碧海青天夜夜心。

想象：嫦娥有一颗怎样的心？

预设：思念、悔恨、哀怨、痛苦、寂寞。

4. 感悟古诗。

讨论交流：作者为什么要写《嫦娥》这首诗呢？在诗中，寄托了作者怎样的心情呢？

预设：同情、怜惜、惋惜、哀叹。

师指导：带着对嫦娥情感的理解，再深情地朗诵这首诗。

用自己的话来讲一讲诗中说到的故事。（嫦娥奔月的故事）

5. 背诵古诗。

先自己试着背一背，再和同桌分享着背一背。

三、拓展延伸

1. 说一说：中秋月圆，望着月亮，你会思念谁？你想对他（她）说什么？

2. 与中秋有关的古诗，你还知道几首？

3. 读了这些古诗，在你的脑海中呈现的是一幅怎样的画面呢？回家动手画一画吧！

（本设计由南海实验学校惠民桥小学校区周丽老师供稿）

(4) 四年级（语文）学科（《水调歌头·明月几时有》）课程设计单。

预期结果

所确定的目标：

1. 理解《水调歌头·明月几时有》的创作背景，并能背诵。
2. 体会中秋节的意义，能设计和家人过中秋的方案。

学生将理解： 《水调歌头·明月几时有》的创作背景和词的含义。	**基本问题：** 1. 你能体会苏轼写《水调歌头·明月几时有》时的心情吗？ 2. 你想要怎么和家人一起度过中秋节？

学生能够做什么？

1. 了解这首词的创造背景，作者抒发的情感等。
2. 怀抱感恩之心，与家人共度中秋，并写下自己的感受。

评估证据

表现性任务证据： 1. 背诵词《水调歌头·明月几时有》，了解词的含义。 2. 用图文结合的方式写下和家人过中秋节的场景。	**其他证据：** 1. 通过图文结合的方式，展示自己和家人共度中秋的场景。 2. 通过自己、同伴或家长评价，展示诗词背诵成果。

教学设计

一、歌曲导入

1. 播放《但愿人长久》歌曲，提问：从这首歌中，你听到了什么？
2. 指名交流。
3. 引出词《水调歌头·明月几时有》。

二、品读诗词

1. 听录音，学生跟读。
2. 指名朗读，提问：这首词是苏轼在什么时候写的？
预设：中秋。
3. 了解苏轼创作的背景，感受他和兄弟的分别之苦。
（1）自主阅读创作背景。这首词是公元 1076 年（宋神宗熙宁九年）中秋作者在密州时所作。这一时期，苏轼因为与当权的变法者王安石等人政见不同，自求外放，辗转在各地为官。他曾经要求调任到离苏辙较近的地方为官，以求兄弟多多聚会。到密州后，这一愿望仍无法实现。这一年的中秋，皓月当空，银辉遍地，与胞弟苏辙分别之后，转眼已七年未得团聚了。此刻，词人面对一轮明月，心潮起伏，于是乘酒兴正酣，挥笔写下了这首名篇。
（2）交流阅读完后的感受。
预设 1：苏轼真可怜，中秋节都不能和自己的弟弟团聚。
预设 2：他当时心里一定很难过，感到很孤独。
预设 3：我们现在很幸福，因为爸爸妈妈、兄弟姐妹都在我们身边。
……
4. 带着自己的感受，再读一读这首词。

三、畅想中秋

1. 提问：你知道自古以来，人们都是怎么过中秋的吗？

（1）学生根据课前了解到的说一说中秋习俗。

（2）教师适当补充。

2. 设计"我家的中秋"。

（1）提问：马上就是中秋节了，你计划怎么和家人过中秋呢？

（2）活动：请你设计一个家庭过中秋方案，写一写中秋节你打算和家人做些什么。

3. 小组交流自己的中秋节方案。

4. 请一个小组上台进行全班交流。

四、课后活动

1. 背诵《水调歌头·明月几时有》，学有余力可以挑战再背一首《月下独酌》。

2. 拍下和家人过中秋的照片，并写一写和家人过中秋节的经过和自己的感受，或制作中秋诗词精美书签。

（本设计由南海实验学校惠民桥小学校区严佳梦老师供稿）

（5）五年级（语文）学科（猜灯谜）课程设计单。

预期结果	
所确定的目标： 1. 初步了解中秋节猜灯谜的方法。 2. 积累有关中秋节的古诗词佳句，并用于书签制作。 3. 欣赏和中秋节有关的古诗词，增强爱父母、爱家乡、爱祖国的感情。	
学生将理解： 1. 用"以图配画猜古诗"的方式促进探究、理解和学习迁移。 2. 通过猜不同形式的灯谜学习猜灯谜的方法。	**基本问题：** 1. 什么是灯谜？ 2.《水调歌头·明月几时有》的作者是谁？这首词描绘了怎样的情景？
学生能够做什么？ 1. 理解中国传统节日中所蕴含的文化内核，了解中国传统文化，弘扬节日文化。 2. 初步了解中秋节猜灯谜的方法。 3. 积累有关中秋节的古诗词佳句，并用于书签制作。	
评估证据	
表现性任务证据： 1. 在猜灯谜中掌握猜灯谜的几种方法。 2. 制作书签积累有关中秋节的好词佳句用于赠送亲朋好友。	**其他证据：** 1. 制作精美的书签。 2. 课后互猜灯谜。

教学设计

活动一：中秋诗词知多少

引入：中秋节，是中国的传统节日。有人说，每逢佳节倍思亲。古往今来，多少文人墨客写下了脍炙人口的对月抒怀的诗篇、文章。

1. 请同学们把前几日收集的关于月亮、中秋的词语、诗词一起进行分享。

预设：

词语：春花秋月、清风明月、烘云托月、众星拱月。

诗句：举头望明月，低头思故乡；今夜月明人尽望，不知秋思落谁家；

海上生明月，天涯共此时；无言独上西楼，月如钩，寂寞梧桐深院锁清秋。

2. 看图猜诗。

出示：

想一想：有没有最佳的诗句来配这幅画中的情景？

学生齐背《静夜思》。

活动二：中秋灯谜知一二

引入：灯谜是我国传统文化的瑰宝，数千年来深受人们喜爱。灯谜不仅是一种文字游戏，在猜灯谜中还能增长知识、开发智力、愉悦身心、陶冶情操。

介绍灯谜：灯谜与谜语不同，它是以文字的含义，借用一字（词）多义、笔画组合、字形、结构、摹状象形等特点，通过别解、会意、假借、象形、拆字、谐音等手法，使谜面和谜底在字的音、形、义上相扣。它范围广泛，文字简练，短小精悍，概括性强，是民间文学百花园中的"微型盆景"。

（1）会意法

这种方法最常见，主要是通过分析谜面的意思 去领会要猜的谜底。

出示：重逢（打一字）。

分析："重逢"的意思是"又见面"，可以简化为"又见"，将这两个字合起来成为一个"观"字，因此"重逢"的谜底是"观"。

（2）象形法

利用汉字的结构、笔画去比拟、夸张、巧借，使文字的全部或部分的形状变化，运用以字象形或以形象字的构思、联想得出谜底。

出示：两人走在独木桥上（打一字）。谜底：丛

远树两行山倒映，轻舟一叶水横流（打一字）。谜底：慧

（3）增减离合法

把字形的偏旁、部首、笔画予以增加、减少、分离、合成，进行重新组织，变成一个新字，即谜底。

出示：功过各一半（打一字）。谜底：边

夫人莫入（打一字）。谜底：二

（4）排除法

排除一种容易猜到的谜底，而作别的谜底。

出示：两个目（木）字排，不作 "林"字猜（打一字）。谜底：相

一木口中裁，非杏也非呆。谜底：束

（5）隐含法

应猜的谜底，隐含于谜面的某字之中的一种方法。

出示：天没有地有，我没有他有。谜底：也

活动三：中秋古词颂千古

引入：你们知道"但愿人长久，千里共婵娟"这句话出自谁人之口吗？对了，几百年前大文豪东坡先生写下了著名的中秋词《水调歌头·明月几时有》，"但愿人长久，千里共婵娟"就出自这首词。

出示：

明月／几时有？把酒／问青天。不知／天上／宫阙，今夕／是何年。我欲／乘风／归去，又恐／琼楼／玉宇，高处／不胜寒。起舞／弄清影，何似／在人间。

转／朱阁，低／绮户，照／无眠。不应／有恨，何事／长向／别时圆？人有／悲欢离合，月有／阴晴圆缺，此事／古难全。但愿／人长久，千里／共婵娟。

1. 诵读词作，读出节奏，读出感情。学生代表反复朗读后，各组代表进行比拼，老师点评。

2. 疏通诗意。

明月从什么时候出现的？（我）端起酒杯来询问青天。不知道天上宫殿，今天晚上是哪年。我想要乘清风回到天上，又恐怕在美玉砌成的楼宇里受不住高耸九天的寒冷。起舞翩翩玩赏着月下清影，归返月宫怎比得上在人间。

月儿转过朱红色的楼阁，低低地挂在雕花的窗户上，照着没有睡意的人（指诗人自己）。明月不该对人们有什么怨恨吧，为何偏在人们离别时才圆呢？人有悲欢离合的变迁，月有阴晴圆缺的转换，这种事自古来难以周全。但愿亲人能平安健康，虽然相隔千里，也能共享这美好的月光。

3. 想一想：朗读这首词，应把握的感情基调是（　　）。

A. 激越雄壮　　B. 乐观豪迈　　C. 舒缓深沉　　D. 柔和亲切

4. 本词中表达词人美好愿望的是哪一句？

预设：但愿人长久，千里共婵娟。

5. 说说你喜欢哪一句诗？为什么喜欢？

活动四：书签制作耐回味

同学们，通过这节课，我们走进了传统节日——中秋节，了解了很多关于中秋节的知识，体会到了不一样的节日文化，用自己不一样的方式欢度了这个节日。接下来，请大家根据课堂上积累的中秋节的诗词佳句，制作一张书签，并适当进行美化，做完以后赠送给朋友、同学、老师或家人。

（本设计由南海实验学校惠民桥小学校区张松飞老师供稿）

设计理念：

融于中秋节的语文学习，在不同年龄段学习内容也不同。一年级的学习关键词是"表达"，包括"分享家庭过中秋"以及"讲故事比赛"两块内容，这样的设计从学生的学情以及年龄特点出发，课上更多体现学生个体的自我表现，这也是培养一年级学生在课堂上敢于大胆、自信、落落大方地进行表达的能力，同时培养他们认真倾听、懂得欣赏他人的能力；二年级的学习关键词是"树"，课上结合古汉字"木"的认识，让学生知道叶、果、花使树成为更加完整的生命个体，而最后学校的木樨文化的介绍，让学生对桂花树有了进一步的认识，这样不仅能让学生爱校、爱树，还能进一步使学生产生研究、观察树的兴趣；三年级学习的关键词是"感受"，课上主要通过《嫦娥》这首诗的学习，让学生走近李商隐，再通过"初读—细读—品读—感悟—背诵"五步深入理解诗意，最后再拓展到关于中秋的古诗，让学生把脑海中的画面画下来，整节课围绕一首诗，拓展这一类的中秋诗词，让学生去感受古代文化的瑰丽与神奇；四年级围绕《水调歌头·明月几时有》的学习，了解它的创作背景，体会作者表达的思念家乡、思念亲人的情感，同时把课堂教学进一步延伸到课后，要求学生精心设计和家人一起过中秋节的方案并践行，用文字和照片记录；五年级通过多种方式猜灯谜让同学们对猜灯谜有了认识和兴趣，在诵读、理解《水调歌头·明月几时有》中，去理解诗人的情感，体会诗人表达情感的方式。

3. 数学课——月饼与数学

三年级课程设计单，四、五年级课程设计单如下。

（1）三年级（数学）学科（分月饼）课程设计单。

预期结果

所确定的目标：
1. 在分月饼的过程中体会分数产生的过程，体会分数的意义。
2. 通过操作，实现从形象思维到抽象思维过渡，理解分数的意义。
3. 在分月饼中体会中华民族的传统节日，落实爱老、敬老的育人目标。

学生将理解：
1. 分数产生的必要性。
2. 把1个月饼平均分成几份，取几份，就是几分之一个月饼。
3. 分数是在平均分中产生的，不同的分法有不同的结果。

基本问题：
1. 你会怎么分月饼？
2. 为什么要学习分数？
3. 对于分月饼中的分数，它们的意义你是怎么理解的？

学生能够做什么？
1. 了解分数产生的意义，会解答分月饼中的数学问题。
2. 用所学的分数知识解决生活中的实际问题

第五章·秋孝心融课程

139

评估证据

表现性任务证据：	其他证据：
通过分一分，画一画，说一说，理解分数意义。	1. 同桌交流反馈、自评自己的学习。 2. 完成相应的练习。

教学设计

一、创设情境

引入：中秋节到了，各种口味的月饼我们会分着吃。

同桌交流：你会怎样来分月饼？和你的同桌交流一下。

二、分一分

1. 引出分数

（1）出示3个月饼，每次拿掉1个，在数学上可以用几表示？3个月饼、2个月饼、1个月饼、0个月饼呢？

小结：像这样的0、1、2、3、4有很多，数不完可以用箭头表示。这些数都是整数。

（2）想一想：如果只有一个饼，同桌两人分着吃，可以怎么分？

预设：一分为二，引出平均分、分数。

关于分数你知道些什么？还有哪些问题？

预设问题：什么是分数？为什么要学习分数？

2. 分一个月饼

（1）思考：把一个月饼平均分成两份，每份是多少？同桌交流一下。

预设：一半、0.5、二分之一。

仔细观察这些答案，你有什么想说的？

预设：分到的月饼不是完整的一个，而是半个，不能用整数来表示，可以用分数或小数来表示。

（2）动手实践。

用圆片代表月饼，平均分成两份。

要求：先独立分，再和同桌交流。

（3）教学分数的意义。

把一个月饼平均分成两份，每一份就是整块月饼的二分之一，也就是二分之一个月饼。

操作：选一个图形（长方形、正方形、三角形）平均分成两份，再和同桌交流。

质疑：为什么图形不同，却都可以用二分之一来表示？

小结：把一个物体平均分成两份，每一份就是它的二分之一。

操作：用一个圆片，你能创造出几分之一？

预设：二分之一、三分之一、四分之一、八分之一、十六分之一等。

思考：为什么同样的圆片能够创造出这么多不同的分数？

三、练一练

1. 画一画分月饼的过程。

2. 判断：涂色部分用分数表示，对吗？

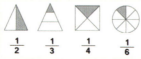

3. 每个完整的图形都表示1。

要求：

（1）用分数表示各图中的涂色部分。

（2）用分数表示各图中的空白部分。

（3）比较：把每个图形中涂色部分和空白部分的分数放在一起看，你发现了什么？

四、课后延伸

1. 到超市调查月饼，写一篇数学日记。

2. 亲手分一个月饼，并先请长辈品尝。

（本设计由南海实验学校惠民桥小学校区郑明磊老师供稿）

（2）四、五年级（数学）学科（月饼问题）课程设计单。

预期结果

所确定的目标：

1. 调查了解月饼的名称、种类的多样性及不同的单价。

2. 用调查到的数据创设出买月饼的加法、减法、乘法的实际问题，并解决。

3. 增强调查、发现、观察、解决问题的能力，拓展思维，感受数学与生活的联系。

学生将理解：	**基本问题：**
1. 月饼的种类是多种多样的，不同种类的价格也是差异很大的。 2. 用数学知识能解决生活中的实际问题。	你能创编购买月饼的加法、减法、乘法的实际问题并解决这些问题吗？

学生能够做什么？

1. 能自主到超市调查月饼的种类及价格，并能与导购交流获得更多与月饼有关的信息。

2. 能自主创编加法、减法、乘法问题，并自主解决，提高解决问题能力。

3. 体会数学与生活息息相关。

评估证据

表现性任务证据：	**其他证据：**
1. 能自主到超市做调查并记录。 2. 能解决小数加法、减法、乘法的问题。	1. 能积极大胆参与调查实践，能与他人交流沟通。 2. 解决问题的正确率高。

教学设计

中秋节到了，我能从超市调查5—6种月饼，写出月饼的名称、单价：

① ②

③ ④

⑤ ⑥

我会根据调查出的月饼的名称及单价创设出买月饼的加法、减法、乘法的实际问题并解决：

问题一：

问题二：

问题三：

问题四：

问题五：

问题六：

（本设计由南海实验学校惠民桥小学校区侯晓燕老师供稿）

设计理念：

在数学学习中，根据学生的知识结构以及年龄段特点，选择了三至五年级学生进行学习。在人教版三年级上册教材中安排了分数的初步认识，教材创设分饼的情境展开教学。于是在三年级的数学学习中，把分数的认识学习提前，结合中秋分月饼这一契机展开教学。其一是让学生知道当物体不能用整数表示时，可以用分数表示，明白学习分数的意义以及学习分数的必要性；其二是把优秀传统文化融入学生家庭中，如让学生回家亲自分月饼，并且分得的月饼要用分数来表示，再次体会平均分后产生分数的过程，并且把分得的月饼送给长辈品尝，体现尊老、敬老的传统文化，也让家庭的亲子关系更加融洽。本课程中的调查实践活动，也是学生综合实践学习的需求。学生的学习不能仅仅发生在校园内，还要发生在课堂外，由学生自主探究实践。而去超市调查研究月饼的相关信息，写数学日记，或自主创编各类实际问题进行解决，不仅仅提高学生调查实践的能力和解决问题的能力，超市中琳琅满目的粽子也拓宽学生的眼界，这也是在培养学生用数学的眼光观察现实世界、用数学的思维思考现实世界、用数学的语言表达现实世界的能力。

4. 美术课——月之韵

三至五年级（美术）学科（月之韵）课程设计单如下。

预期结果

所确定的目标：

1. 了解中秋节的习俗，有品茗、赏月、吃月饼、赏花灯等，从中选择自己有趣的几个点去创作，提升构图、造型等能力。
2. 使用画、剪、贴、折等方法创造性地装饰、创作。
3. 渗透绿色环保观念，能变废为宝将月饼盒子改装成工艺品，体验创作的乐趣。

学生将理解：

1. 灯笼、玉兔、月亮、嫦娥等都可以作为中秋节的美术元素来表达中秋佳节。
2. 生活中的各类盒子通过变废为宝，可以创造出更多作品，用来美化生活。
3. 用拼贴、绘画等方式表现与中秋相关的元素。

基本问题：

1. 月饼可以用哪些形式来表现？
2. 月饼盒还可以用来做什么？
3. 可以画些什么来表现中秋佳节这个主题？

学生能够做什么？

1. 在欣赏各种废弃物合成的有趣的艺术作品中理解废弃物造型艺术的神奇之处，体会创意的可贵。
2. 发掘资源、善用资源，增强创新意识和动手能力，践行低碳环保的生活理念。
3. 用拼贴、绘画等方式自创精美、奇特的月饼；能创作一盏盏花灯；能将月饼盒制作成一件件创意独特的工艺品。

评估证据

表现性任务证据：

能用黏土、拼贴、绘画、裁剪等方式创作出月饼，能制作花灯，能变废为宝创作出其他各种物品来装饰、美化生活。

其他证据：

善于变废为宝，能根据不同形状、材质特征，积极创新开发，最终制作出一件件艺术作品。

教学设计

三年级：制作月饼

一、材料准备

黏土、白纸、彩纸、水彩笔、双面胶。

二、学习过程

1. 观察各种月饼并思考：它们有哪些形状？有什么不同的地方？大大小小的月饼可以怎么来表现？立体的月饼又可以怎么表现？

2. 欣赏：观看老师的示范画，选一个喜欢的内容进行创作。

3. 思考：月饼的花纹可以怎么设计？画面中的颜色怎么搭配？如果需要加上文字该怎么表达？怎么样让作品的画面更完整、更美观？

4. 交流：小组内讨论合作的方法。

鼓励学生大胆使用辅助材料和工具，注意作品的整体美观。

5. 展示作品：互相欣赏作品、评价作品。

四年级：制作花灯

一、材料准备

白纸、彩纸、水彩笔、双面胶、透明塑料包装纸、扭扭棒等。

二、学习过程

1. 观赏花灯了解中秋节赏花灯的习俗。

2. 思考怎样做一个具有中秋节韵味的花灯，可以加入哪些中秋节的元素。

3. 示范呈现做花灯的步骤。

4. 思考花灯制作的步骤、材料依次叠放的顺序。怎样做让花灯更加立体？哪些颜色带有中秋韵味？

5. 学生自己创作中秋节花灯。

6. 作品展示，互相欣赏作品，交流感受。说一说有哪些值得学习的地方。

7. 回家后给花灯进行再加工，融入科学环节，加入小灯泡，让花灯真正亮起来。

五年级：创意合作

一、材料准备

收集各种大小不同的月饼纸盒、纸箱，切割、刷色的工具（小刀、刷子等），辅助材料（铅丝、绳子、挂历纸等），各种颜料，积木，剪刀，糨糊，锥子，胶带等。

二、学习过程

1. 观察各种月饼纸盒。

思考：它们有什么共同的地方？有什么不同的地方？

2. 欣赏：欣赏老师准备的创意图形，选一个喜欢的内容，思考并制作。

3. 质疑：这些物品怎么做？要用哪些材料？如果需要两个纸箱，怎么连接？怎么样让制作的物品更加美观？

4. 动手实践，变废为宝。

5. 作品展示：互相欣赏作品，交流感受。

6. 回家可以继续与爸爸妈妈合作，让月饼纸盒更加漂亮美观。

（本设计由南海实验学校惠民桥小学校区姜虹老师、贺燕超老师供稿）

设计理念:

在三至五年级的美术课上,不同的年级要求不同。三年级学生用彩纸、画笔、黏土等制作漂亮的月饼;四年级学生用透明包装袋、扭扭棒、彩色卡纸等材料结合嫦娥、玉兔、月饼、祥云等中秋节传统节日元素手工制作挂饰、花灯;五年级学生利用月饼盒子变废为宝再创造,做出精美的工艺品。这样递进式的学习任务的设置,目的有四点:一是培养学生的美术表现能力。主要基于学生之间的交流和表达来呈现,他们会和同伴、家长交流,产生思维碰撞,从中发展发现美、创造美和欣赏美的能力。二是培养学生的审美能力。在作品完成后学生间会相互品鉴、评价交流,他们欣赏同伴作品的过程中,对其所含有的美术元素进行感知、分析、欣赏,进而做出自己的看法和判断。三是培养学生的创意实践能力。学生对自己所要创作的作品进行感知、想象、构图、创意、设计,这样的过程就是在提升他们的创新意识和能力。四是培养学生的文化理解能力。学生对作品的创作,是从美术的角度去理解中秋这一优秀传统文化的艺术特点,了解其文化艺术内涵和含义,这让传统的中秋文化变得更加鲜活灵动。

5. 音乐课——中秋歌曲

一至五年级(音乐)学科(中秋歌曲)课程设计单如下。

预期结果
所确定的目标: 1. 体会歌曲创作背景,感受歌曲意义。 2. 能优美地演唱歌曲,并能自主创编动作。 3. 感受歌曲的意境和情感,体会其韵律、节奏和音乐的关系,感受音乐要素以及音乐要素对音乐歌曲的表现作用。

学生将理解:	基本问题:
歌曲创作的背景、含义和表达的情感。	1. 歌曲的节奏是怎样的? 2. 歌曲表现了怎样的情感?

学生能够做什么?
1. 搜集关于中秋的一些歌曲,从《爷爷为我打月饼》这首歌曲中感受歌曲表现的情感,激发怀念红军爷爷的情感,体会尊老爱幼的传统美德。从《但愿人长久》歌曲中体会到思念之情。 2. 学唱关于中秋的歌曲,体会歌曲所要表达的情感。

评估证据

表现性任务证据：

1. 能够演唱歌曲片段，体会歌曲情感。

2. 通过小组演唱的形式表现歌曲。

其他证据：

1. 通过聆听感受歌曲，通过律动表现歌曲。

2. 能和家长一起进行演唱。

教学设计

一、二年级：《爷爷为我打月饼》

一、谜语导入

出示：有圆有方，又甜又香；平时少见，中秋吃上。

你能猜一猜它是什么吗？ 预设：月饼。

二、学唱歌曲

1. 聆听歌曲《爷爷为我打月饼》

了解歌曲背景故事，体会歌曲表现的情感。

提问：

(1) 歌曲中唱到了谁？预设：爷爷。

(2) 你知道爷爷在干什么？预设：爷爷为"我"打月饼。

(3) 你知道这里的爷爷是什么身份吗？预设：爷爷是个老红军。

(4) 爷爷对"我"怎么样？预设：爷爷对我亲又亲啊。

(5) "我"又是怎么对待爷爷的呢？预设："我"为爷爷唱歌谣。

(6) "我"为什么要这样做呢？预设：献给爷爷一片心呀。

2. 学唱歌曲《爷爷为我打月饼》

(1) 学习歌曲手势舞。

(2) 完整演唱歌曲。

3. 课后练习

与家人分享歌曲，与小伙伴合作演唱歌曲。

三至五年级：《但愿人长久》

一、导入

关于中秋的诗词歌赋你知道哪些？

二、学唱歌曲

1. 聆听歌曲《但愿人长久》

（1）了解它的创作背景，知道歌词出自词《水调歌头·明月几时有》。

（2）朗读歌词，感受诗人借物抒情的写作手法。

小结：每个时期的人们对中秋月圆日都有不同的体会，在宋代人们虽欢度中秋，但也常常借物抒情，表达自己对家人朋友因不能相聚的思念之情。

再次聆听歌曲《但愿人长久》

感受歌曲的速度、表现的情感。

2. 学唱歌曲《但愿人长久》

（1）通过画旋律线的方式，感受歌曲旋律走向。

（2）通过手势、动作等表现歌曲。

（3）完整演唱歌曲，小组合作创编动作表现歌曲。

3. 欣赏不同版本的《但愿人长久》
感受同一歌曲的不同音乐风格,鼓励学生对音乐进行创编。
三、课后拓展
1. 把歌曲演唱给家里长辈听。
2. 学一学:自主学唱一首与中秋相关的诗词歌赋。

(本设计由南海实验学校惠民桥小学校区顾俏毓老师、邢颖颖老师供稿)

设计理念:

在幸福关爱里"泡大"的孩子,在呵护有加的环境中生活的学生,很少有主动关心老人情感的意识,因此对长辈的关心、尊敬之情需要在教育中不断潜移默化。本次一、二年级的中秋歌曲学习,选择了《爷爷为我打月饼》这首歌,学生在理解歌曲内容、学唱歌曲的过程中,知道这首歌说的是战争年代的中秋节,老红军战士虽然生活在艰苦的岁月里,但中秋节还为娃娃们打月饼的事,借此激发学生对爷爷的情感,进一步扩大到尊老、敬老的传统美德;三至五年级学唱的歌曲是《但愿人长久》,学生在歌词朗读中能理解到诗人的祝福和对亲人的思念,希望亲人们能平安健康,即便相隔千里,也能共享这美好的月光。在歌曲演唱学习中,能让学生感受亲情与祝福,感受古代诗词与现代音乐相结合的特点,体会其韵律、节奏和音乐的关系。课后进一步自主学唱诗词歌赋,旨在激发学生对音乐与诗歌结合的兴趣,并进一步传承和弘扬中华文化。

6. 科学课——探索月球

四、五年级(科学)学科(探索月球)课程设计单如下。

预期结果

所确定的目标:
1. 能用比较科学的方式获取、加工、筛选、整理信息,能制作月球主题海报,充分、全面认识月球。
2. 能分工合作,进行多人合作探究学习,在小组合作中贡献自己的智慧和力量,善于借鉴他人优秀的做法和观点,乐于展示交流自己的观点。
3. 认识到月球相比于其他星球,是十分美妙的,需要我们共同探索。

学生将理解：
月食现象、月球是地球的卫星、地月关系、月球公转、月球自转。

基本问题：
1. 月球是什么形状的？
2. 月球晚上为什么会发亮？
3. 月球上面都有些什么？
4. 月相变化的规律是怎样的？
5. 地球潮汐与月球有什么关系？

学生能够做什么？
1. 能知道月球上的资源、月球上的一天变化，能全面认识月球。
2. 能了解月球是地球唯一的天然卫星，影响着地球的潮汐。
3. 合作完成月球海报，并进行海报展示、学习。

评估证据

表现性任务证据：
1. 能对月球相关内容进行探究，并提供佐证材料。
2. 先确定海报的主题颜色，再查找、整理资料，最后合作完成一张月球主题海报。

其他证据：
图片拍照、文字记录、画图、网上资料查询。

教学设计

一、谈话引入

说一说：大家以小组为单位收集了月球的有关资料，你们是怎样获得资料的？预设：网上查询、去图书馆查阅资料、去书店阅读百科全书、向长辈求问、去天文馆参观拍照等。

提问：各个小组收集到的资料是以什么形式呈现的？

预设：主要以与月球有关的图片和文字、视频资料为主

二、聚焦问题

想一想：月球的主题颜色是怎样的？可以用哪些色彩来制作有关月球的主题海报？

预设：因为月球绝大部分是环形山和陨石坑，所以月球的主题颜色可以用灰色。

引导：月球的资源非常丰富，可以从反射太阳光而发光的角度出发，思考更为丰富的月球主题海报颜色。

三、创造实施

1. 讨论：怎样让收集到的资料呈现在月球海报中？

预设：先划分海报的几个区域，然后用画画、贴图片、写字等方式图文并茂地展示月球。

2. 分工：四人小组讨论决定每个人负责的板块，要求人人都有动手制作的机会。

3. 小组合作完成海报制作。

四、展示交流

1. 以小组为单位介绍各小组海报制作的内容、色彩搭配等，说明海报所表达的意义。

2. 评价：学生间对各小组的海报进行评价，形成互相学习的气氛，学到更多关于月球的知识。

五．反思研讨

1. 关于月球你还有哪些新的疑问？

2. 八月十五中秋节当天，用望远镜观察月球表面，把发现的结果记录下来。

小结：在思考、制作和欣赏、观摩海报的过程中，我们收获了很多关于月球的知识，但是神奇的月球还有很多很多的秘密等着我们去探究，去发现，大家课后可以进一步去研究。

（本设计由南海实验学校惠民桥小学校区胡哲老师、舒苗老师供稿）

设计理念：

地球、太阳、月亮与学生的生活息息相关，学生似乎是司空见惯了，但是这些天体中蕴含着太多的奥秘人类还没有探究清楚，即使是很多已经探究清楚的信息学生也不了解。《义务教育课程方案（2022年版）》在"变革育人方式，突出实践"中指出：加强课程与生产劳动、社会实践的结合，充分发挥实践的独特育人功能。突出学科思想方法和探究方式的学习，加强知行合一、学思结合，倡导"做中学""用中学""创中学"。因此在中秋节的科学课中，学习"探索月球"就变得非常有意义了。课程的主题词是"制作海报"，以小组合作学习的方式展开，学生在课前需要先分工调查相关资料，收集好资料后，在课上小组交流，然后再次分工，每人负责海报的其中一块，完成后再集体交流展示。通过相互交流，学生能从更多的角度全面了解月球相关信息。建议在课后有条件的学生可以进一步用望远镜观察月球，探究月球的奥秘。这样的学习旨在锻炼学生收集资料、整理资料、分工合作、展示交流的能力，激发学生自主探究学习的乐趣，提升他们的科学素养。

七、学生学习

1. 道德与法治学习：走进民俗风情

在各个年级的道德与法治课中，学生串联起了一台台大戏。在"话说中秋"环节中，学生把收集到有关中秋的多版本的来历、各地的不同习俗、美食等进行交流，有一大部分同学还把自己收集到的材料制作成 PPT，俨然一个个小老师对着全班同学进行讲解，有同学还分享了自己和家长过中秋的场景，分享自己做月饼的快乐（图 5-1）。学生在这样的活动中，不仅体会到了自主学习探究的乐趣，也为自己能把学习所得与同伴交流分享感到自豪，在全体同学的不断补充、修正中，中秋节就像个万花筒真正走进学生的世界，他们知道了中秋的历史和渊源，产生了对优秀传统文化的喜爱之情。在"赏月、话月、品月饼"活动中，原先学生一般都是在家里和自己亲人品尝月饼，很少能和同学在一起品尝月饼。当老师引导学生"让更多的同伴品尝到你带来的美味的月饼"时，同学们都非常认真地把月饼切成小块，微笑地送到同伴的手中。他们一边听着各种与中秋相关的乐曲，如《水调歌头》《彩云追月》等，一边品尝着同伴的月饼，在这样的氛围中感悟到了同伴之间的友情、班级大家庭的温馨，也加深了对中秋"团圆"之意的理解。最后的节目会演，学生们纷纷登台亮相，他们有单独表演的，也有小组合作的。一首首古诗词，一段段深情，一句句祝福，带领学生们畅游在中华优秀传统文化的世界中。这样的课堂，真正体现以生为本的理念。

图 5-1　学生体验民俗风情

2. 语文学习：诗意中秋

一年级学生首先介绍自己设计的中秋节家庭活动方案，全体学生给有意义的、可实行的方案点赞，对于不合理的方案大家一起帮助改进。其间学生还声情并茂讲有关中秋节的故事，大家对能大声、自信、流利讲解的学生给予热烈的掌声和故事大王的称号。最后群策群力商量中秋贺卡的素材以及样式，再精心设计，这主要考验学生的动手能力和对中秋节元素的运用。最后大家进行展示与评价。回家后学生还把设计的精美贺卡送给长辈，再次让学生感受到中秋节团圆祝福的意义所在。（见图 5-2）

图 5-2　学生设计的中秋贺卡

二年级学生以"木"为关键词，以"农历八月古称桂月，是赏桂最佳时期"为教学契机，结合古汉字"木"的教学，对与"木"有关的学习内容进行拓展，并通过校园里的木樨，自然引入木樨文化，学生在说树、聊树、悟树的过程中，感受到中秋节所蕴含的文化内涵。课后，学生带着对中秋节的情感，去和家人过一次有意义的中秋节，并把和家人过中秋节的场景画出来（见图5-3）。有了这样的学习以及学习要求，学生都非常认真地安排自己家中的中秋节，团圆、快乐、和美的中秋文化在学生心中自然滋生，他们表达爱，传递爱，分享爱，让这个中秋节过得非常有意义。

图5-3 家庭过中秋场景

　　三年级师生以学习与中秋有关的古诗为实践目的，开展了诗配画主题学习活动。课上以学习《嫦娥》这首诗为契机，引导学生想象出在浩瀚的夜空，一轮皎洁无瑕的明月高高挂在空中，诗人吟咏出优美的语言，学生用朗诵，用想象，用画画，用自己的切身体会来表达诗所体现的情感。课后，他们各自收集以中秋为主题的古诗，并根据自己的理解发挥想象，勾画出自己心目中的诗歌美景（见图5-4）。这种以点带面的学习方式，不仅增强了学生自主学习、查找资料的能力，也让一首首古诗有了意境，有了丰富的画面感和故事感，诗意不经意间在学生指尖流传，相对枯燥难懂的古诗有了鲜活的生命力，也让学生习得了学习古诗的方法，并喜欢上了古诗。

图5-4 学生绘画的诗歌美景

　　四、五年级的课上学习了苏轼的《水调歌头·明月几时有》这首词，学生了解了这首词的创作背景，体会苏轼在中秋之日无法和弟弟团圆的伤感，由此懂得要珍惜与家人在一起的美好生活。课后的作业以"中秋节话中秋"为主题，分"中秋诗歌知多少"和"我和家人过中秋"两块内容，特别在"我和家人过中秋"这个内容中，学生通过"画和写"把在家过中秋的场景表现出来：有的和家人吃着月饼赏着月，尽情享受温馨的时刻；有的借此机会去看望自己的爷爷奶奶、外公外婆，陪他们一起过中秋；有的和好朋友一起在儿童公园过中秋，他们和小伙伴们一起亲手做了月饼，通过望远镜观察月亮……中秋节的点点滴滴在学生的表达中有了更加团圆、幸福的味道，中秋的文化传承变得更有意义。学生在课后制作了一张张精美的书签，在书签中，他们或摘录整首诗词，或摘录名言名句，并画上富有中秋意味的月亮、月饼、玉兔、桂树等，作为中秋节礼物赠送给朋友、家人（见图 5-5）。除此以外，所有的同学利用周记的形式，用文字记录这一传统节日的点点滴滴，体会不一样的节日文化。

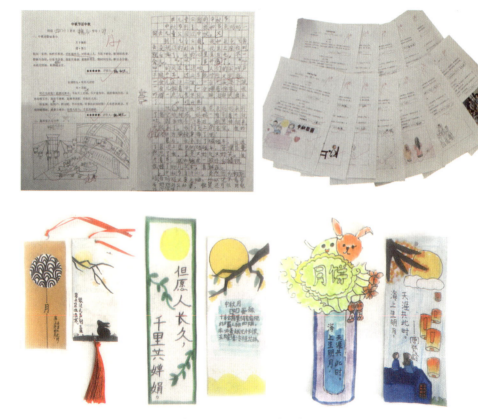

图 5-5 四、五年级学习成果

3. 数学学习：调查与实践

中秋节里的数学，关键词是"开放与实践"，每个学生因自己喜好、个性特点的不同，呈现的数学学习结果也不相同。虽然一、二年级没有数学学习要求，但是依然有学生自主去超市调查月饼相关信息，他们会描述超市里琳琅满目的月饼，又用数学的眼光，了解不同种类月饼的质量，并用手掂一掂感受重量，最后挑选了自己喜爱的口味，让超市里安静摆放的月饼在学生眼中有了浓厚的数学味；三年级学生课上利用月饼认识分数，了解分数在日常生活中的应用以及分数产生的必要性，课后还自主创编分月饼的故事、写数学日记，让原先仅作为美食的月饼，有了一连串进阶式的数学表达；四、五年级学生把学习放在超市，他们自己寻找到几种月饼的名称与单价，自主编出加法、减法、乘法的问题并进行解决，还有学生故意把多余的信息放在题中，提醒自己解决问题时寻找有效信息的重要性（见图5-6）。这样的学习不仅提高学生参与综合调查实践学习活动的能力，还巩固了小数运算，提高了解决问题的能力，体会到了生活中处处有数学，数学与生产、生活紧密联系和学好数学的重要性。

图 5-6　数学日记及问题解决

4. 美术学习：创意中的美

美术学习关键词是"创意""制作"和"变废为宝"。三年级学生用各种纸和彩笔，通过画、剪、贴的方式，经过精心美化创作了一幅幅"我爱吃月饼"图，很多学生还用黏土捏出各式各样的月饼，月饼在学生的想象、绘画于指尖中变得美轮美奂。四、五年级的学习，在上课前老师首先布置相关的学习要求，学生事先准备了制作花灯的材料，或者收集了月饼盒子。在准备这些材料的过程中，他们会和父母商量，并和父母展开头脑风暴，商议制作花灯以及把月饼盒子再创造后做成工艺品（见图5-7）。很多学生已经完成了一部分制作，课上继续完成，最终大家把自己的作品进行交流展示，学生们在欣赏一件件作品的过程中，再次打开眼界与思路，感受不同的表现效果，拓宽了视野，陶冶了生活情趣，提高了创作能力、审美品鉴能力。课后学生把作品带回家中与家长一同继续创作，如在花灯中加入小灯泡，让花灯真正亮起来，给创意盒子进一步美化等。这样的学习不仅培养学生的动手实践能力，提升美术素养，也让中秋节在家长与孩子的交流互动中，变得更加温情与美好，同时，孩子们的环保意识和行为也得以强化。

图 5-7 美术学习成果

5. 音乐学习：心灵的熏陶

　　《爷爷为我打月饼》是一首民歌式的儿童歌曲，具有鲜明的民间歌谣特色，歌曲简朴明快、天真活泼；《但愿人长久》是一首非常抒情的歌曲，它把情感抒发得淋漓尽致，让人产生一种与天地同乐的温情和感悟。在学唱中，教师充分挖掘歌词与旋律所包含的情感，挖掘与作品相关的文化背景，以情激情，以情动情。学生或独唱，或小组轮唱，或全班合唱，再加入创编的动作，进行展示表演。两种不同风格的歌曲，一、二年级学生做着手势舞美美地唱着，三到五年级的学生配合着律动柔美地唱着，回家后还把学到的歌曲表演给长辈看，家庭的中秋氛围也因此变得浓厚、快乐（见图5-8）。这样的音乐教学，把中秋传统文化的意义渗透到音乐教育之中，既增强学生对音乐的感悟、理解和创造能力，又让学生体会到中华文化的博大精深、源远流长。

5-8 学生学唱歌曲

6. 科学学习：美丽的月球

学生对探索大自然的奥秘非常感兴趣，因此科学课我们就借中秋之名来研究月球。根据学习要求，学生小组分工合作，在课前把有关月球的资料通过照片、文字、视频等形式收集起来，并把这些收集到的资料在月球海报中呈现，如科普月球知识的、介绍月食现象的、介绍月球自转公转的、介绍月球晚上会亮起来的原因的、介绍月球与地球的起源关系等等，这些充满浓浓科普味、学术味，原本远离学生生活的知识，在学生配上飞船、宇航员、火箭、行星、外星人等元素后，变得多姿多彩，充满了生机，神秘美丽的月球跃然纸上。翻看一张张海报，似乎走进了月球博物馆，关于月球上的资源、月球上一天的变化、月球影响着地球的潮汐、月球反射着太阳光等知识都可以在这些海报中找到。而学生探究月球的兴趣不仅仅停留在这里，有些小组在中秋之夜通过高倍望远镜观察月球并相互分享观察所得，有些小组请家长给他们科普月球知识，还有些小组走进月球博物馆去学习了解更多的、未知的月球知识。（见图5-9）

这样的学习探究活动，不仅让学生获得了知识，还培养了他们自主探究、合作学习、调查实践、审美创造的能力，这样的学习经历以及学习方式，也能让他们在后续的其他学习中得以借鉴与实施。

图 5-9 学生科学学习成果

八、课程反思

1.中华优秀传统文化教育需要多课程整合，以实现联合育人

要传承、弘扬中华优秀传统文化，需要整合不同学科，在多学科不同专题的学习中，更好地去挖掘中华优秀传统文化的内涵，帮助学生在触摸的体验中更好地行走、实践、创作、体会。本次中秋节融课程学习，通过"道德与法治、语文、数学、音乐、美术、科学"六大学科全方位、多角度地让学生走进中秋、融入中秋、体验中秋。学生在查找、诵读、调查实践、绘画创作、合作探究等多维度中参与课程学习，在学校、家庭、社会多个空间转换中探索学习。他们或诵读诗词或讲述中秋故事，或绘画创作，或变废为宝展现创意，或走进超市解决问题，或调查实践参与民间相关中秋活动，或合作学习深入探究月球，围绕中秋主题开展的多学科学习，让学生走进了万花筒，他们学习更为生动、更为多元，简单的中秋在一系列课程学习中变得有声有色、回味无穷，学生对中秋有关的中华优秀传统文化的体验与理解也更为丰富和深刻，他们的综合素养也不断得到培养与提升。

2.中华优秀传统文化教育需要创新形式，以深入学生内心

传统节日形式多样，内容丰富，其背后蕴含了深厚的意义，无论对于人的个体成长还是社会的发展都有着重要的意义。中秋节对学生的教育意义不能仅仅停留在吃月饼上，需要学生浸润式地参与其中，只有他们全身心投入其中，中秋传统文化才能自然而然地融入他们内心。比如中秋习俗不是老师课上告知，而是学生自主查找资料获取；关于中秋的诗词、故事也不仅仅是老师教学，更多的是来自同伴相互学习、分享；中秋的月饼不仅用来吃，还可以通过黏土、纸盒等自主创造，把自己心中的美好寓意融入其中；月饼中蕴含着很多数学知识，可以进一步去发现与解决；等等。将"要我学"转变为"我要学"，学生的学习内驱力被激发，他们体验到学习、创新的乐趣，中华优秀传统文化自然深入内心。

3.中华优秀传统文化教育需要以情感为线，以增强文化认同感

中秋节寄托着人们对生活的无限热爱和对美好生活的深切向往，寄托着思念故乡、思念亲人之情。团圆在中国民族文化中的意义非常重要，它被视为传承下来的价值观和精神观。中秋节的融课程，在道德与法治课的"品月饼"环节，学生互相交换着、品尝着同伴带来的月饼，有说有笑，其乐融融，同伴之间的深情厚谊也在活动中悄然而生，并把"家"的含义扩大，让学生感悟到班级就是"大家"；学生带着月饼

去看望长辈，或者把亲手制作的月饼、超市购买的月饼送给长辈吃，体现中华民族尊老的美德；在学习中还要求每个学生设计与家人过中秋的方案并实施，让学生感受家人的陪伴和温馨、团圆、美好的意义，能珍惜这样的团圆时刻。学生在这个过程中，更好地践行了中秋节所蕴含的内涵——月圆人和，从而加强他们的文化认同感。

第二节 "九九浓浓敬老情" 重阳节融课程

一、话说重阳节

重阳节,是中国民间传统节日,日期在每年农历九月初九,亦称登高节、重九节、茱萸节、菊花节等,习俗有登高、赏菊、饮菊花酒、插茱萸、吃重阳糕等。

"九"在《易经》中为阳数,"九九"两阳数相重,故曰"重阳",因日与月皆逢九,故又称为"重九"。古人认为九九重阳是吉祥的日子,在民间有登高祈福、拜神祭祖及饮宴祈寿等习俗,传承至今,又添加了敬老等内涵。

重阳节源自天象崇拜,起始于上古,普及于西汉,鼎盛于唐代以后。"重阳节"名称文字记载始见于三国时期;在魏晋时,节日气氛渐浓,备受文人墨客吟咏;唐朝时,重阳节被定为正式节日;宋代,重阳节更为热闹,《东京梦华录》曾记载了北宋时重阳节的盛况;明代皇宫中宦官、宫妃从初一时就开始一起吃花糕庆祝,初九重阳,皇帝还要亲自到万岁山登高览胜,以畅秋志;清代,风俗依旧盛行。

发展至近代,九月初九被赋予了敬老节的新含义。因"九"是单数中的最大数,是长久、久远的谐音,因此九上又九、九九重阳,含有长长久久、长寿尊贵的隐喻。1989 年,我国将每年的九月初九定为老人节,使这一传统佳节成为尊老、敬老、爱老、助老的新式节日;2006 年 5 月 20 日,重阳节被国务院列入首批国家级非物质文化遗产名录;2012 年 12 月 28 日,全国人大常委会修订通过的《中华人民共和国老年人权益保障法》,规定每年农历九月初九为老年节。

重阳节以富有生命意蕴的节庆活动世代流传,登高赏秋与感恩敬老是当今重阳节日活动的两大重要主题。

二、课程背景

重阳节的习俗有其独特的渊源,也有着独特的节日韵味。了解重阳节,既是学生丰富对社会感知的需要,也是培养学生综合能力的一大契机。"老吾老以及人之老"

自古有之，而尊老敬老一直是中华民族的传统美德，重阳节带给学生的不仅仅是登高、赏菊、吃重阳糕，更是一种信息，那就是老年人更需要爱、需要快乐和健康、需要家人的一声声问候。为了弘扬中华民族"尊老、敬老、爱老、助老"的传统，培养学生的孝心、爱心和责任心，学校特开展此次融课程，促进学生真正将敬老、孝老内化于心，外化于行，彰显出养老、敬老、孝老的责任担当。

三、课程目标

1. 了解重阳节的习俗，感受、积淀、传承中国传统文化。

2. 提高搜集、调查、处理信息的能力，培养与人交往、协作等能力。

3. 激发关爱老人，孝敬老人的情感，培养关心老人、敬重老人的良好品质，弘扬中华民族尊老的优良传统。

四、课程主题词

尊老　敬老　团圆

五、课程总体设计

课程主要由主题教育活动、重阳节中的数学问题、美术创意课程，以及语文综合实践活动组成。重头戏落在家庭敬老、爱老的综合实践活动中，在学科学习中，语文、数学各年级都有各自不同的学习要求。

六、课程实施

1. 主题教育活动——传递敬老情

选择以下任意一种形式把尊老、爱老的精神落到实处，完成"尽孝道，传爱心——重阳节实践活动作业单"。

（1）帮长辈做家务。为长辈做力所能及的家务，如摆碗筷、洗碗、擦桌子、扫地拖地、洗衣服等等，为长辈减一份辛劳，添一份欣慰。

（2）给长辈送温暖。可以为长辈倒一杯热水、敬一杯茶、盛一次饭，或在他们出门时给他们披件衣服，让长辈们感受温暖。

（3）帮长辈减轻疲惫。可以给爷爷奶奶、外公外婆或爸爸妈妈捶捶背、揉揉肩，或洗一次脚，帮他们缓解疲劳。

（4）与家人共活动。可以与长辈一起登高、插茱萸、赏菊花，还可以和家人一起亲手制作一杯菊花茶，暖心过重阳。

尽孝道，传爱心——重阳节实践活动作业单如下。

同学们，重阳节马上就要到了。重阳节也叫老人节，是属于老人们的节日。平时，你的爷爷奶奶和外公外婆总是把你放在第一位，对你喜欢的东西、爱吃的食物记得一清二楚。那你也同样了解家里的老人吗？趁这个节日，关心一下家里的老人，重新认识了解他们吧！

1. 小调查——了解家里的老人

(1) 他们多大年纪了？

(2) 他们年轻的时候做什么工作？

(3) 他们最喜欢吃的食物是什么？

(4) 他们平时喜欢干什么？

(5) 其他。

2. 小心意——关心家里的老人

我们能做些什么表达自己对他们的心意呢？我们可以为他们做点力所能及的事情，或者多抽些时间去陪陪他们，自己动手为他们做个小礼物……把你的行动用照片或者图片记录下来，并附上一两句自己的感受。

_____

_____

_____

设计理念：

在我国，重阳节并不是国家法定节假日，而是老年人的节日。学生对重阳节印象不深刻，除它不是法定节假日外，最主要的还在于很多家庭并不重视重阳节，没有让孩子养成为长辈做一些力所能及的事情的习惯，或许也没有把尊敬老人作为一件可仪式化的事情。但孝老爱亲是中华民族的传统美德，学会感恩是一个人的文明体现。本次主题教育，给出了四个主题，但是中心词都是"爱与孝敬"，学生可以选择其中的一个或者几个主题，用自己的实际行动表达对长辈的敬爱。在"尽孝道，传爱心——重阳节实践活动作业单"中，其中一项内容是"小调查——了解家里的老人"，因为要尊敬长辈，首先要了解老人的喜好，并投其所好去尽孝道。学生在做这些力所能及的事情时，可以感受与体会到长辈的辛苦与不易，理解在日常生活中就可以用简单的实际行动表达自己的爱心和孝道。通过这样的实践活动，帮助学生养成关爱、尊重、支持和帮助老人的传统美德，让他们从小就心怀感恩、学会感恩，并能用实际行动表达感恩。

2. 语文课——温馨过重阳

一年级：和长辈共读绘本故事，并把自己喜欢的故事讲给长辈听。

二年级：亲手绘制贺卡，写上祝福送给家中的老人。

三年级：调查了解重阳节习俗，用手抄报的形式，画一画和重阳节有关的美食美景，向长辈和全体同学介绍、展示。

四、五年级：收集跟重阳节有关的名句名篇，并挖掘名句名篇之下的历史背景。

设计理念：

语文学习需要有大语文观，以课堂教学为轴心，向学生生活的各个领域开拓、延展，并把教语文同教做人完美糅合，重阳节中的语文学习，就是基于这样的理念展开。一年级和长辈阅读绘本故事或讲述故事，侧重于口头表达能力和书面表达能力的培养；二年级设计贺卡写上祝福送给长辈，培养学生的创作、设计、绘画能力；三年级调查了解重阳节习俗，并把调查成果用手抄报展示，培养学生自主学习、探究、收集、整理信息的能力以及设计能力；四、五年级收集、理解重阳节名句名篇以及了解其历史背景，目的是让学生从中汲取精华，提高文学素养、开阔眼界。虽然各个年级学习侧重点不同，但是都以敬老尊老为主线，把学习拓展到文学、艺术、历史、地理、民俗文化等更广阔的时空，培养学生的品格情操、文学及艺术修养。

3. 数学课——重阳节中的数学元素

本次数学学习都在课上进行，主要在一至五年级中开展，一年级教学内容见表5-2，二、三年级教学内容见表5-3。

（1）一年级

表5-2　一年级"重阳节中8和9的应用"

教学目标	1. 通过重阳节相关问题掌握8和9加减法的应用，掌握解决问题的基本方法。

教学目标	2. 培养学生自主编题、解决问题的能力，提升数学思维能力。 3. 认识到敬老爱老是中华民族的优良传统，养成尊敬老人的良好品质。
教学重难点	8和9的加减法及在生活中的应用
教 学 过 程	**一、引入** 1. 了解重阳节 九月初九是重阳节，九在古代被定为阳数，因此九月初九被称为重阳，并且这一天被定为敬老节，在这个周末小朋友们也开展了重阳敬老的活动。 2. 展示敬老照片 在重阳节，你为家里长辈做了什么？ 小结：有很多小朋友为自己的爷爷奶奶读书，为他们捶背，你们都是尊老敬老的好孩子。 想一想：除了这些，你还知道重阳节有哪些习俗呢？ **二、探究8、9的加减法** 1. 买水果中的数学问题 出示：重阳节那天，小明和妈妈一起给外公外婆买水果，妈妈买了2千克的香蕉和7千克的苹果，你能够提出和数学有关的问题吗？ 预设：妈妈一共买了多少千克的水果？ 说一说：看望长辈除了买水果还能买什么呢？ 要求：小组讨论关于9的加法的问题，并解答。 2. 敬老院中的数学问题 出示：小明决定去敬老院给老人们送重阳糕。志愿者姐姐告诉小明，左边的房间住了3位老人，右边的房间住了5位老人。请你帮小明算一算，这2间房一共住了几位老人？ 预设：$3+5=8$（位），这2间房一共住了8位老人。 出示：2楼这2间房一共住着9位老人，其中左边住了4位，右边住了几位？ 预设：$9-4=5$（位），右边住了5位。 小明数了数，3楼一共有9个房间，每个房间只住1位。其中3个房间是给工作的叔叔阿姨们住的，那么3楼还住着几位老人？ 预设：$9-3=6$（位），3楼还住着6位老人。 出示：小明看了看自己袋子里的重阳糕还有8块，给每位老人分了1块，他还剩下几块重阳糕？ 预设：他还剩下2块重阳糕，$8-6=2$（块）。

教 学 过 程	3. 排队问题 出示：小明在回家的路上，看到一家店门口也在举办送重阳糕的活动。  数一数：一共有几位老人在排队？从右边数，王奶奶是第几位？从左边起，圈出前4位老人。 预设：一共有8位老人，从右边数，王奶奶是第5位。 三、小结 这节课你学到了什么？ 小结：我们每个人不仅要尊敬家里的长辈，还要尊敬所有的长辈，并为他们做一些力所能及的事情。

（本设计由南海实验学校惠民桥小学校区何盈颖老师、董晓玲老师供稿）

（2）二、三年级

表5-3　二、三年级"重阳节里的数学问题"

教学目标	1. 通过教学，学会合理安排并解决生活中的实际问题。 2. 提升学生有序思考的能力，发展学生思维品质，提高数学素养。 3. 培养学生敬老、爱老的品质，传承优秀传统文化。
教学重难点	有序思考问题解决的方法，并能优化解决方案。
教 学 过 程	一、引入 九九重阳节就快到了。在我国，重阳节也叫老人节。咱们班是学校有名的爱心班级，老师计划带大家一起去敬老院看望老人们，陪他们一起过节。可是，在去之前呢，咱们得好好地计划一下，看看咱们组织这样一个慰问活动会遇到哪些数学问题？ 预设：我们怎么去？我们一起去敬老院要花多少路费呢？去敬老院走哪条路最近呢？ 想一想：这些问题又该如何去解决呢？ 二、解决问题 1. 选择乘车方案 出示：有两种汽车可供选择，一种是8座的，一种是5座的，8座的每租一辆要花80元，5座的每租一辆要花60元。加上老师我们一共42人，怎样租车最省钱？

要求：小组合作，思考租车方案。

预设：

方案一：$42÷8＝5（辆）……2（人）$　　$5＋1＝6（辆）$

　　　　$6×80＝480（元）$

方案二：$42÷5＝8（辆）……2（人）$　　$8＋1＝9（辆）$

　　　　$9×60＝540（元）$

方案三：$42÷8＝5（辆）……2（人）$　　$8×4＋5×2＝42（人）$

　　　　$4×80＋2×60＝440（元）$

现在你觉得怎样租车最便宜？

预设：$540＞480＞440$，租 4 辆 8 座的，2 辆 5 座的最省钱。

小组讨论：为什么第三种方案最省钱？

预设：第一种和第二种方案租车时各有一辆车没有坐满，浪费了座位。而第三种方案，先安排人去坐单价便宜的大车，再安排剩余的人坐满小车，一点不浪费座位，这就最省钱了。

小结：看来只要咱们积极开动脑筋，找出最优方案就能得出最划算的租车方法了。

三、巩固练习

1. 购买重阳糕

在去看老人之前，班长帮我们去买了重阳糕。他有 10 元和 5 元面值的人民币各 8 张，购买 80 元的重阳糕可以怎样付钱？

要求：先有序地独立思考，再小组交流自己的想法。

反馈：

方案	10 元	5 元	总价
①	8 张	0 张	$10×8＝80（元）$
②	7 张	2 张	$10×7＋5×2＝80（元）$
③	6 张	4 张	$10×6＋5×4＝80（元）$
④	5 张	6 张	$10×5＋5×6＝80（元）$
⑤	4 张	8 张	$10×4＋5×8＝80（元）$

2. 安排座椅

敬老院有一些 3 人椅和 2 人椅，怎么安排 48 位老人刚好能坐下又不浪费位置？

要求：先有序地独立思考，再小组交流自己的想法。

反馈：

方案	3 人椅	2 人椅	总人数
①	16 张	0 张	$16×3＝48（人）$
②	14 张	3 张	$14×3＋2×3＝48（人）$
③	12 张	6 张	$12×3＋2×6＝48（人）$
④	10 张	9 张	$10×3＋2×9＝48（人）$
⑤	8 张	12 张	$8×3＋2×12＝48（人）$
⑥	6 张	15 张	$6×3＋2×15＝48（人）$
⑦	4 张	18 张	$4×3＋2×18＝48（人）$
⑧	2 张	21 张	$2×3＋2×21＝48（人）$
⑨	0 张	24 张	$2×24＝48（人）$

教学过程	四、小结 在重阳节，我们做到了尊敬长辈，也用所学的知识解决了很多生活中的问题，并且知道了有序思考、合理安排能更优地解决问题。

（本设计由南海实验学校惠民桥小学校区刘颖娜老师供稿）

（3）四、五年级

四、五年级的数学学习分三部分。第一部分是进行调查，学生了解家中爷爷奶奶外公外婆的出生日期，并记住他们的年龄和生日；第二部分是在课堂上以"神奇的9"展开学习（见表5-4）；第三部分是课后进行探究，检测学生学习效果。

①学习与调查如下：

亲爱的小朋友们：

"九九"与"久久"谐音，九在单数中又最大，有长久长寿的含意，寄托着人们对老人健康长寿的祝福。1989年，我国政府将农历九月初九正式定为"老人节"，重阳节成为一个尊老、敬老、爱老、助老的节日。你知道家里长辈的年龄、生日、生肖吗？请你选几位调查一下，完成下面的表格。

长辈称呼	年龄	出生年月日	生肖

对于9，你还知道哪些有趣的知识？请你查找一些相关资料，下节课期待你的分享哟！

②课堂教学

表5-4　四、五年级"神奇美妙的数字9"

教学目标	1. 了解重阳节与数字9的关系。 2. 在观察、讨论、计算中进一步发现数字9的神奇之处，培养计算能力、概括能力，提升思维品质。 3. 感受数字9的魅力，激发数学学习兴趣，增强敬老、爱老的意识。

教学重难点	找 9 的倍数以及 9 的乘法中蕴含的规律。
教 学 过 程	**一、学习：认识重阳节** 引入：小朋友们，重阳节是一个尊老、敬老、爱老、助老的节日。根据你的调查，请和你的同桌先来介绍一下你的长辈的年龄、生日、生肖吧。 **二、阅读：体会 9 的魅力** 1. "9" 为数之极。在十进制计数方式中，"9" 是最大数，一旦超越 "9"，就是对 "0" 的回复。因此，"9" 数便蕴含了 "登峰造极" 的文化含义。 2. "9" 在一位数中是最大的一个，也被古人视为是一个至阳的虚数、极数，表示最多、无数。比如九重天表示天非常高，九盘表示弯曲的道路。由于 "9" 为数之极，因而 "9" 又与 "多" 联系起来。"天下黄河九十九道弯" 这句话，就有 "多得数不清" 的意思。 3. 用九来起名的我国古代数学家秦九韶，所著的《数书九章》，书中共分九大类，每类又有九道题，他简直是九的又一个崇拜者。 4. 正值冬天时，人们不数 3，也不数 10，偏偏数 9，用《数九歌》来表示农谚： 一九二九不出手，三九四九冰上走，五九六九沿河看柳，七九河开，八九雁来，九九加一九，耕牛遍地走。 **三、计算：感受神奇的 9** 出示：9 还是个神奇的数字，如果你随便找来一个两位以上的自然数，比如 317，将此数打乱，会出现什么数？ 预设：变成 173、731、713。 想一想：请你求出新数与原数的差，并猜猜会有什么奥秘。 预设：新数与原数的差分别为 144、414、396，它们各个数位上的数之和都是 9 的倍数。 试一试：随意找一个两位以上的数，按以下方法进行计算。 ①先求出各数位上数字之和；②再用原数减去其数字之和；③小组讨论发现了什么。 预设：所得结果各个数位上的数的和也是 9 的倍数。

四、欣赏：感受 9 的乘法算式的美妙之处

出示：9 是一个神奇的反序数。

1. 在算式 $1089 \times 9 = 9801$ 中可知，9 乘某一个数字，能使其顺序正好颠倒过来。

2. 从算式 $123456789 \times 8 + 9 = 987654321$ 中也可知，9 加某数也竟能使其顺序颠倒。

3. 跟 9 有关的乘法算式还有很多神奇之处呢，我们一起来欣赏一些吧：

（1）$1 \times 9 + 2 = 11$

$\quad 12 \times 9 + 3 = 111$

$\quad 123 \times 9 + 4 = 1111$

$\quad 1234 \times 9 + 5 = 11111$

$\quad 12345 \times 9 + 6 = 111111$

$\quad 123456 \times 9 + 7 = 1111111$

$\quad 1234567 \times 9 + 8 = 11111111$

$\quad 12345678 \times 9 + 9 = 111111111$

$\quad 123456789 \times 9 + 10 = 1111111111$

（2）$\quad 9 \times 9 + 7 = 88$

$\qquad 98 \times 9 + 6 = 888$

$\qquad 987 \times 9 + 5 = 8888$

$\qquad 9876 \times 9 + 4 = 88888$

$\qquad 98765 \times 9 + 3 = 888888$

$\qquad 987654 \times 9 + 2 = 8888888$

$\qquad 9876543 \times 9 + 1 = 88888888$

$\qquad 98765432 \times 9 + 0 = 888888888$

（3）八位数 12345679，如果将它同 9 相乘，奇怪得很，其积竟是全由 1 组成的数字 111111111；如再乘 18（9 的 2 倍），可得 9 个 2，乘 27（9 的 3 倍），可得 9 个 3……直到乘 81，就可以得到 9 个 9。这种整齐统一的特点，是多么美妙啊！

$\qquad 12345679 \times 9 = 111111111$

$\qquad 12345679 \times 18 = 222222222$

$\qquad 12345679 \times 27 = 333333333$

$\qquad 12345679 \times 36 = 444444444$

$\qquad 12345679 \times 45 = 555555555$

$\qquad 12345679 \times 54 = 666666666$

$\qquad 12345679 \times 63 = 777777777$

$\qquad 12345679 \times 72 = 888888888$

$\qquad 12345679 \times 81 = 999999999$

教　学　过　程

第五章·秋孝心融课程

续 表

教学过程	五、小结 "9"看起来是一个很普通的数，与完美的"10"只差1，但它却蕴藏着变幻无穷的秘密，数学就是如此神奇，期待你有更多的研究与发现。

③课后探究

我来发现神奇美妙的数字9。

亲爱的同学们：

今天我们上课的时候根据"重阳节与数学"学习了"神奇美妙的数字9"，知道了跟数字"9"有关的很多神奇美妙的地方。请你根据今天学习的内容继续来探究吧。

小知识一：

任意找一个三位数，比如317，将此数打乱，变成173、137、371、731、713，然后求出新数与原数的差，仔细观察差的各个数位上的数之和有什么规律。

请你自己试着写一个三位数，如（   ），然后按照上面的方法先写出打乱顺序的数，再用竖式算一算。

我写出的打乱顺序的数是（   ）。

我来算一算：

①   ②   ③   ④   ⑤

我发现：差的各个数位上的数之和（   ）。

小知识二：

任意找一个三位数，比如418，先求出各数位上数字之和，再用原数减去其数字之和，418-13。仔细观察差的各个数位上的数之和有什么规律。

请你自己试着写三个三位数，再用竖式算一算。

我写出的三个三位数是（   ）、（   ）、（   ）。

我来算一算：

①   ②   ③

我发现：差的各个数位上的数之和（   ）。

设计理念：

数学是一门基础性学科，与我们的生活息息相关，波利亚说过："掌握数学意味着善于解题，不仅善于解一些标准的题，而且善于解一些要求独立思考、思路合理、见解独到和有创造发明的题。"怎样把抽象的数学与尊老爱老紧密结合？显然围绕敬老院中的相关信息开展学习，并解决一系列问题，让学生在解决问题中，不自觉沉浸在重阳节的气氛中，能进一步把尊敬老人、关爱老人的理念落实于心。一年级借助 8 和 9 的加减法学习，把计算教学与解决生活实际问题紧密结合，以"买水果、送重阳糕、安排房间、排位置"把整堂课以故事的形式串联，让学生在不知不觉中学到知识，开阔眼界，提升解决问题能力；二、三年级则以去敬老院看望老人为主线，以"有序思考、优选方案"为思维关键，生成一节含"租车、买重阳糕、安排座位"等内容的拓展课，把问题解决与生活实际相结合，既让学生体会数学与生活的联系，又提升学生的思维品质；四、五年级以九月初九中神奇的"9"为主线，把课前、课中、课后有效关联，对于9的神奇之处，既有文字介绍，又有学生合作、探究学习，给平常的9赋予了深刻的内涵。这样的三节递进式的数学课，目的是在传承和发扬重阳节传统文化中，提升学生的数学能力。

4. 美术课——绘制菊花

学习要求：抓住菊花造型的特征，用油画棒彩绘一幅菊花作品，或运用黏土制作一幅菊花作品。

设计理念：

重阳节有赏菊和饮菊花酒的习俗。菊花是中国十大传统名花、花中四君子和世界四大切花之一。在中国古代菊花有许多精神内涵，比如菊花有"花中隐士"的雅称；又被誉为"十二客"中的"寿客"，有吉祥、长寿的含义；诗词中用菊花比喻品行高洁的人，象征不与世俗同流合污；重阳节赏菊的习俗又有祈求长生与延寿之意。每个学生虽然都见到过菊花，但是对多姿多彩、形状各异的菊花见到的不多，对菊花的寓意和重阳节赏菊的习俗也没有深入去研究过，因此在重阳节，让学生了解菊花、认识菊花并创作菊花就显得非常有意义。于是就有了美术课用油画棒彩绘、用黏土制作菊花的课程。课上老师首先播放菊花视频，让学生欣赏绚丽多姿的菊花，再让学生抓住菊花的特征与色彩，用油画棒描绘出菊花的全貌，旨在提高学生的绘画技能和技巧；在用黏土制作菊花图中，要求学生掌握菊花造型的准确性和揉搓的技巧，提高学生线条运用的准确性和用色技巧。通过这样的学习，培养学生的观察能力以及动手制作能力，提升美术素养。

七、学生学习

1. 主题教育实践活动：尽孝道，传爱心

家长一直非常重视孩子的学习成绩，但是对孩子传统美德的教育并不够重视，一些传统美德在逐渐流失。很多事情需要学生亲自去参与、去体验、去感受，这样才能真正融入内心。此次主题教育实践活动，正是落实了这样的理念。从视频、照片以及"尽孝道 传爱心——重阳节实践活动作业单"中可以发现，学生真正把"敬老、爱老、孝老"的理念转化为行动，流失的传统美德在逐渐找回。孩子们为长辈洗脚、敲背、端茶、盛饭，陪长辈下棋、看戏、散步、爬山，给他们讲故事、表演节目及送贺卡、水果、糕点等，点点滴滴的小事传递着浓浓的敬老情，孩子们和老人的脸上都洋溢着幸福、快乐的笑容，这样的天伦之乐是人世间最温馨、最美的画面(见图5-10)。学生在亲身经历一系列尊敬长辈的活动中，才真正感悟到尊敬长辈可以从身边做起，从点滴小事做起，并认识到节日虽然有限，但孝顺老人却无期，由此更加懂得珍惜和感恩，深切感受中华传统美德，还能由爱家、爱老推及爱国、爱社会，把优秀的中华传统美德不断发扬光大。

图 5-10 学生尽孝道、传爱心

2. 语文学习：我来秀重阳

学习不应仅仅发生在课堂上，而是需要全方位地与学生的家庭生活和社会生活有机结合起来。重阳节中的语文，就是拓宽了学习边界，让学生在轻松愉悦的氛围中自主学习与实践。学生在与长辈共读绘本中，或和他们交流故事情节，或分角色朗读，有些还对故事进行开发与创编；制作贺卡的学生充分发挥自己的想象，不仅制作了通过"剪、贴、画、拼、涂"等方式并加上祝福语的贺卡，还制作了能上下折叠的贺卡，

一张张贺卡透着学生们对长辈的爱与关怀；制作重阳节小报的学生，则是多方收集重阳节习俗资料，把重阳节的由来、民俗、诗词等向大家娓娓道来；收集跟重阳节有关名句名篇的学生，除了收集了大家熟悉的王维的《九月九日忆山东兄弟》外，还收集了孟浩然《过故人庄》中的"待到重阳日，还来就菊花"、杜牧《九日齐山登高》中的"尘世难逢开口笑，菊花须插满头归"、王之涣《九日送别》中的"蓟庭萧瑟故人稀，何处登高且送归。今日暂同芳菊酒，明朝应作断蓬飞"等，并查找了这些诗的创作背景，了解了诗人借诗所抒发的情感。在学生亲身查询、亲自体验、亲身参与积累的过程中，他们对诗的理解与记忆更加深刻（见图 5-11）。这样的学习方式学生喜欢，并且感受深刻，也没有压力，他们学习的自觉性、积极性和学习效率都有不同程度的提高，对重阳节的文化内涵也更能铭记于心。

图 5-11 学生制作贺卡、小报等

3. 数学学习：问题解决与能力提升

《义务教育数学课程标准(2022 年版)》指出：数学教学要为学生创设真实的情境，提出合适的问题，提高学生的批判思维和创新能力；数学教育承载着落实立德树人根本任务、实施素质教育的功能。重阳节中的数学，无论是在"去敬老院看望老人"的真实情境中，学生解决租车、安排房间、用不同币值购买水果、送重阳糕等问题，还是在感悟"9"的神奇之处中，学生一直被吸引着认真听讲、积极思考、动手实践、自主探索、合作交流，并在观察、猜测、计算、推理、验证中分析问题和解决问题。其间，学生的运算能力、推理意识、解决问题能力得到培养。同时这些学习过程始终围绕"爱老、敬老"的主题，这样的学习真正把教学与育人融合，增强了学生的社会责任感，促使他们形成正确的世界观、人生观、价值观，数学承载着的思想和文化功能得到凸显，学科育人在无形中达成，立德树人的根本任务真正得以落实。

4. 美术学习：祝福吉祥与长寿

菊花象征着长寿，在重阳节里，有着不一般的寓意。美术课上，学生先通过观看视频欣赏千姿百态、五颜六色的菊花，再结合自己的想象、思考与理解，用油画棒彩绘或用黏土制作菊花。他们抓住菊花的特点大胆用色，无论是用油画棒彩绘的菊花，或是用黏土制作的菊花都颇具特色。有些学生还独具创意，用卡纸做菊花的叶片和花茎，用棉签蘸水粉颜料勾画菊花，一幅幅栩栩如生的菊花绽放在学生眼前。老师把他们的作品展示在黑板上，同学们相互欣赏与点赞，最后又把这些作品送给长辈，祝福他们健康与长寿（见图5-12）。这样的学习活动培养学生对美的感受和体验，丰富他们的想象力和创造力，引导他们用心灵去感受和发现菊花美，用自己的方式去表现和创造菊花美。在提升审美素养的同时，也让学生变得有趣味、有品位、有思想、有格调，并且在弘扬、丰富菊花文化中，祝福、敬老、孝老的思想也根植于学生心中。

图 5-12 菊花创意图

八、课程反思

1. 文化的传承需要在体验中生成

习近平总书记曾说："讲清楚中华传统文化是中华民族的突出优势，是我们最深厚的文化软实力。"尊老、敬老、孝老是千百年来中华民族优秀传统文化中的重要组成部分。文化的发展在于传承，如果只是言语上教育学生要尊敬长辈，学生没有感知，这样的说教意义不大，而传承就是一个具有主动性、能动性的实践过程。中国优秀文化传承需要在体验中学习、体验中发展。本次重阳节融课程学习，从传递敬老情的主题教育活动，到语文、数学、美术课的学习，无论在家庭、课堂，还是参加实践活动，都是以学生的体验、感受、认识为起点，他们在家中为长辈做力所能及的事情，在语文学习中调查、收集、阅读、反思关于重阳节的相关内容，并制作贺卡、小报等，在数学学习中始终围绕敬老院的活动展开学习，在美术学习中画菊花、做菊花。这样的学习活动，把学生带领到重阳文化中去感受、体验与认知，他们的身心浸润在重阳文化中，不仅学到知识，也有了尊老、敬老的情结，让原先在孩子们心中模糊的重阳节变得立体、生动、接地气，重阳节丰厚的文化内涵也根植于他们内心。

2. 点滴的小事可以厚植道德风尚

"孝文化"是极具中国特色的优秀传统文化，它主要体现在尊老、敬老、孝老、爱老等诸多方面。重阳节是中国唯一的敬老节，与其他传统节日文化相比，重阳文化具有典型的孝道性。"尊老孝老"既是重阳文化数千年发展过程中的一条主线，也是重阳文化数千年发展过程中的一条主线。此次重阳节融课程，对学生来说是一个体验亲情、传递亲情的机会，中华民族传统美德的正能量，也播种在学生的心灵，他们与祖辈的情感不断增进。对老人来说，孙辈们一个个小小的举动都能温暖他们内心，他们对学校精心策划、合理安排、科学组织的家校共育活动，对学校注重孩子传统美德培育的行为点赞，因为这样的学习活动让老人们过了一个特别难忘的重阳节；而孩子们敬老、爱老、助老的行为也给父母上了一课，他们也纷纷意识到多陪陪身边的老人，让自己的父母有个快乐的晚年是非常重要的。这样的课程在功能上可以进一步发展成为"以孝治天下"的治国理念、"家庭和睦"的齐家观念，这会让更多的家庭呈现阖家团圆、儿孙绕膝、老人安享晚年的幸福画面，浓浓的传统文化和充满温情的传统佳节会在每个人的心中生根开花。

3. 文化的传承需要在日常生活中不断绵延

尊老、敬老、孝老、爱老是中华民族亘古以来的传统美德，而这种美德的传承需要借助一系列载体。虽然重阳节只有一天，但是要让学生认识到，并不能只在这一天中尊敬长辈、关爱老人，而要在琐碎平凡的生活中长久地体现。比如家里有长辈生日到了，那么孩子们可以给长辈送生日蛋糕，送自己亲手制作或者用零花钱购买的礼物，家人可以热热闹闹吃一餐团圆饭祝福老人，为老人过一个有意义的生日，让孩子从视觉、味觉、听觉、触觉、嗅觉等多种途径唤醒对尊敬老人的深刻认识，这种满满的仪式感促进学生学会敬畏，懂得感恩。此外，在学校教学中，在道德与法治课中，教师需要深入挖掘生活素材，丰富课程内容，丰富学生对尊老、敬老、孝老内涵的感悟与体验，并多学科融合，凸显联合育人功能，为学生扣好人生第一粒扣子，真正将优秀传统文化不断绵延，渗透到学生学习、生活的方方面面。

第六章
冬暖心融课程

冬季是阳退阴生、生气闭蓄、万物收藏的季节，是享受丰收、休养生息的季节。

　　冬，没有夏的炎热，却有着自然的冷静和坚韧；没有秋的收获，却有着蓄势待发的内敛和睿智。

　　冬暖心融课程，是感悟生命、希望与活力的课程。旨在让学生感悟冬的意义在于盼春来，冬去春来是一个宏伟而又美好的过程，有着生命的循环、再生和无限的希望。

"冬来翘首盼春归" 冬至节气融课程

一、话说冬至节

冬至是二十四节气中第二十二个节气，又称日南至、冬节、亚岁等，兼具自然与人文两大内涵，既是二十四节气中一个重要的节气，也是中国民间的传统祭祖节日。它是二十四节气中最早被测定出来的节气之一，也是四时八节之一，在古代民间有"冬至大如年"的说法。

冬至一般在阳历 12 月 22 日左右，当太阳到达黄经达 270°时，斗指子，冬至日就到了。时到冬至，天气寒冷，万物冬藏已达到极点，太阳直射南回归线，太阳高度角最小，北半球白昼最短、黑夜最长。冬至过后，各地都将进入一个最寒冷的阶段，也就是人们常说的"数九寒天"。

冬至作为节气源于周代，盛于唐宋，并相沿至今。在周代的时候人们就已可以利用圭表测影的方法，来寻找"地中"和确定冬至、夏至的时间。"冬至"这一名称成为主流史书用名是在秦汉以后，汉代之后，还是有不少文人学者将冬至名为"长至"或"长日"。明清之后，除少数诗作仍以各种别名称呼"冬至"，其他记述岁时的史书典籍则基本以"冬至"命名。

古人认为冬至阴气渐收，阳气萌生，是阴阳二气的自然转化的一天，生命活动由衰转盛，是养生进补的大好时机。冬至在数千年的发展中，形成了独特的节气饮食文化，在南方要吃汤圆，在北方要吃饺子，民间还有"今年冬令进补，明年三春打虎"的说法。

二、课程背景

冬至是二十四节气中的第二十二个节气，相较于其他节气来说是出现最早也是内涵最丰富的节气之一，是一九的开始日。冬至并不像春节、清明节、端午节、中秋节那样作为全民的重要节日而存在，学生认识不深刻，很多学生也不知道冬至这一节气，他们对冬至的认知最多是家里会煮汤圆全家享用。但在二十四节气文化价值越来越受重视的今天，冬至作为传统的岁时节令，又是中华优秀传统文化的组成部分，让学生认识冬至、了解冬至，把远离学生生活的冬至节和学生学习生活紧密相连就显得很有意义了。

三、课程目标

1. 丰富对冬至节的认识，认同冬至，喜爱传统节气，感受节气的独特魅力。

2. 通过"九九歌"融合全学科，在项目化、卷入式、探究性综合实践学习中，给学生的成长以启蒙、滋养和力量，发展核心素养，指向真实成长。

3. 在经历从"一九"到"九九"时间轴的变化中，感受冬去春来变化中万物生长、自我生命成长的痕迹，助推热爱生命教育。

四、课程主题词

成长　变化　温暖

五、课程总体设计

课程学习分学校和家中两部分进行，重心落在家庭，同时满足不同年级学生分层实施要求，家校合力，让学习由学校教学延伸到家庭教育中（见表6-1）。整个课程以"九九歌"为核心，围绕"冬至盼春"这一主题将多个学科有效融合在一起，形成历经九九八十一天的探究性、综合性学习课程。在学校学习中，冬至当天，班级风采展演通过"说、唱"展示冬至节相关习俗，午餐每人都吃到了热乎乎的汤圆。一周的"音乐之声"分别播放《冬至歌》《卖汤圆》《雪花》《数九歌》《雪绒花》五首歌，各年级在音乐课中分别学唱其中的两首歌。美术课上一、二年级学生用黏土、纸盘和彩笔制作一碗精美的汤圆、饺子；三、四年级学生用黏土和彩笔并配合折纸创作"九九消寒图"。在家中的学习，各年级给出具体要求，同时下发告家长书，让家长和孩子同时明白学习要求。学生根据自身特长，自主决定"怎么研究、怎么表征、怎样实践"，阶段性学习成果包括照片、视频、学习心得等不定期上传到班级文件夹中，老师们及时去了解学生课程学习最新动态，学生有问题及时通过微信、钉钉与老师联系，老师给予及时评价，指出可以改进之处。

表6-1　冬至节气课程设计（家庭）

学习时间	12月22日—3月11日
一年级	1. 从"一九"到"九九"，每天端正练习一个九笔汉字，在汉字下面认真练习1—9中相应的数字。 2. 种植一棵风信子，观察它在八十一天中的变化，每九天用画图的方式把它的变化记录下来。 3. 结合日常所学，拓展相关古诗词：《终南望余雪》《逢雪宿芙蓉山主人》《春雪》《江雪》《惊雪》《春晓》《春风》《春游图》等。学与冬至相关的诗词，能有节奏地朗读。 4. 体育锻炼打卡，学唱节气歌曲。
二年级	1. 借助乘法大九九口诀表的制作，每天写一句口诀，同时注明日期。 2. 每"一九"展示自己最想吃的一道美食并制作一张菜单，内容包括：(1) 美食的名字；(2) 美食的图片；(3) 关于这道美食的简单介绍。 3. 种植一棵风信子，观察风信子根、茎、叶生长的过程，并记录长出的时间；测量风信子的叶在生长过程中产生明显变化时的长度，记录在每一九的表格中。 4. 体育锻炼，每一九的最后一天记录自己的身高。 5. 学唱冬至歌、小寒歌、大寒歌、腊八歌，边唱边编创动作。
三、四年级	1. 观察并记录"天气""自然环境"等现象，主要记录每天清晨的气温；查询每天的日出、日落时间，计算每天日照时长。以"九天"为一个周期，将自己观测到的数据绘制成柱状图。 2. 坚持体育运动，并在每一九结束后，在月历表中记录下自己的身高。 3. 在科学观察和准确记录数据的基础上，每九天写一则观察小日记，用美妙的语言记录自己观察所得和内心感受，并整理成册。 4. 学唱节气歌。《冬至歌》《小寒歌》《大寒歌》《腊八歌》《立春歌》《惊蛰谣》，边唱边编创动作。

六、课程实施

1. 课前问卷调查

"二十四节气"问卷调查如下：

亲爱的同学们，二十四节气是中国古代订立的一种用来指导农事的补充历法，是中华民族劳动人民长期经验积累的成果和智慧的结晶。你对二十四节气了解多少呢？让我们一起来参加一个调查活动吧。

1. 你是否听说过二十四节气？（　　　　）
A. 是　　　　B. 否
2. 如果听说过，主要通过哪个途径了解二十四节气的？（　　　　）
A. 长辈告知　B. 节气歌　　　　C. 书籍资料　　D. 网络查询
3. 每年的清明节我们都会放假，你认为清明节一定是4月5日吗？（　　　　）
A. 是　　　　B. 否
4. 二十四节气中最热的节气是哪个？（　　　　）
A. 立夏　　　B. 夏至　　　　C. 小暑　　　　D. 大暑
5. "种瓜点豆"是在哪个节气前后？（　　　　）
A. 谷雨　　　B. 春分　　　　C. 立春　　　　D. 雨水
6. 你知道二十四节气的习俗有哪些吗？（多选题）（　　　　）
A. 清明扫墓　B. 吃立夏饭　C. 立秋吃西瓜　D. 冬至吃汤圆、饺子
7. 你希望了解二十四节气的哪些内容？（多选题）（　　　　）
A. 来历　　　B. 故事　　　　C. 习俗　　　　D. 关于节气的诗词、谚语
8. 我知道的二十四节气有：

_____

_____

_____。

2. 发放告家长书（见图6-1—图6-3）

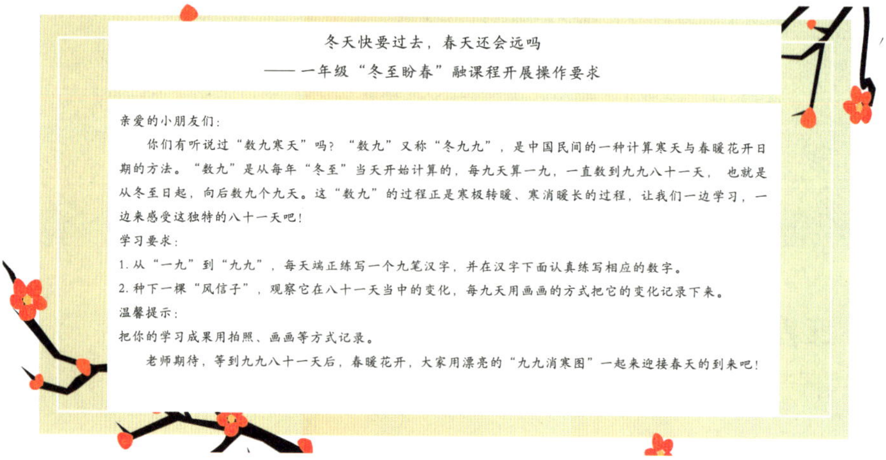

图6-1　一年级"冬至盼春"告家长书

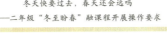

> **冬天快要过去，春天还会远吗**
> ——二年级"冬至盼春"融课程开展操作要求
>
> 亲爱的小朋友们：
> 　　你们有听说过"数九寒天"吗？"数九"又称"冬九九"，是中国民间的一种计算寒天与春暖花开日期的方法。"数九"是从每年"冬至"当天开始计算的，每九天算一九，一直数到九九八十一天，也就是从冬至日起，向后数九个九天。这"数九"的过程正是寒极转暖、寒消暖长的过程，让我们一边学习，一边来感受这独特的八十一天吧！
> 学习要求：
> 1.借助乘法大九九口诀表的制作，每天写一句口诀，同时注明日期。
> 2.每一"九"展示自己最想吃的一道美食并制作一张菜单，内容包括：（1）美食的名字；（2）美食的图画；（3）关于这道美食的简单介绍。
> 3.种植一棵风信子。观察并记录风信子根、茎、叶生长的过程；测量风信子的叶在生长过程中的变化，并记录在每一九的表格中。
> 4.请在每一九的最后一天记录自己的身高。
> 温馨提示：
> 1.如果将每一九的内容设计在同一张纸上，那么共有九张纸。
> 2.建议每张纸后面用同一种颜色的卡纸衬好。
> 3.等到九张都完成后装订成册，制作封面和封底，并做一些个性化的美化设计（可参考绘本制作方法）。
> 　　老师期待，等到九九八十一天后，春暖花开，大家用最具创意的作品一起来迎接春天的到来！

图6-2　二年级"冬至盼春"告家长书

> **冬天快要过去，春天还会远吗**
> ——三、四年级"冬至盼春"融课程开展操作要求
>
> 亲爱的同学们：
> 　　你们有听说过"数九寒天"吗？"数九"又称"冬九九"，是中国民间的一种计算寒天与春暖花开日期的方法。"数九"是从每年"冬至"当天开始计算的，每九天算一九，一直数到九九八十一天，也就是从冬至日起，向后数九个九天。这"数九"的过程正是寒极转暖、寒消暖长的过程，让我们一边学习，一边来感受这独特的八十一天吧！
> 　　请你绘制一张属于自己的月历表，并从冬至日起，按照以下要求在月历表中做相应的记录。
> 1.观察和记录
> （1）观察并记录每天"天气""自然环境"等现象。主要记录每天清晨的气温，发现气温的变化规律；查询每天的日出、日落时间，计算每天的日照时长。以"九天"为一个周期，将自己观测到的数据绘制成柱状图。
> （2）坚持体育运动，并在每九天结束后，在月历表中记录下自己的身高。
> 2.观察小日记
> （1）在科学观察和准确记录数据的基础上，每九天写一则观察小日记，用美妙的语言，记录自己的观察所得和内心感受。（2）"九九"过后把观察小日记整理成册，分享展示观察日记以及月历表，同学们互相点赞，得到点赞数最多的同学还有奖励哦！
> 3.温馨提示和建议
> （1）月历表的形式不限，可以以九天为单位制作，也可以以月为单位制作，甚至可以将八十一天都放在一个表中。最后呈现的内容可以都在一张纸上，也可以装订成册，建议家长帮助孩子一起进行制作。
> （2）因为月历表需要使用八十一天，请家长提醒孩子存妥善保管。
> （3）家长可以把孩子日常学习、活动的照片、视频、学习成果等内容及时传到班级群文件中。
> 　　老师期待，等到九九八十一天后，春暖花开，大家用漂亮的"九九消寒图"一起来迎接春天的到来！

图6-3　三、四年级"冬至盼春"告家长书

3.课程细化要求（见表6-2）

表6-2　冬至节气学科具体要求

学科	内　　容
体育	家庭实施项目： 一九：跳绳。一年级100次／组，共3组；二年级120次／组，共3组；三年级140次／组，共3组；四年级160次／组，共3组。 二九：爬墙摸高。面对墙壁而立，双脚提踵，双手充分向上伸展触摸至最高点，做好标记。每次摸高设法触摸到标记或超出标记。接着双手与脚跟慢慢放下同时放松呼气。各年级15次／组，共3组。

181

体育	三九：单杠悬垂。两手握杠或其他物品，做静止悬垂，到稍感吃力时为止。腹部肌肉应尽量放松。5 次 / 组，共 3 组。 四九：摆臂伸展。两脚分开，两腿伸直，以右手触左脚背、左手触右脚背交替摆臂转体，头部向上转动。左右合计 40 次 / 组，共 4 组。 五九：上体前引。坐于垫子或干净地上，两腿伸直，上体前倒，两臂做向前伸展动作，手指触及最远的地方（动作同坐位体前屈）。30 秒 / 组，共 4 组。 六九：后伸踢腿。手撑地，单脚跪撑，用另一脚连续向后上方踢伸，左右脚进行交换。左右脚各 10 次 / 组，共 3 组。 七九："拱桥"练习。两脚开立，两手向后着地呈"拱桥"形动作。该动作练习时需要家长保护，切忌给儿童做提腰动作。30 秒 / 组，共 3 组。 八九：摸高跳。站于平整地面向上充分起跳触摸物品，可以是家长的手，也可以是其他道具或物品。15 次 / 组，共 4 组。 九九：跳绳。一年级 120 次 / 组，共 3 组；二年级 140 次 / 组，共 3 组；三年级 160 次 / 组，共 3 组；四年级 180 次 / 组，共 3 组。
音乐	家庭实施项目： 一年级：寻找这期间出现的节气，聆听节气儿歌，有节奏地朗读节气儿歌。 二年级：找每个节气的歌曲，并演唱。 三年级：根据节气歌曲，边唱边编创动作。 四年级：演唱节气歌曲，说一说歌词当中都说了什么。 学校学习内容： 一周的"音乐之声"广播分别播放《冬至歌》《卖汤圆》《雪花》《数九歌》《雪绒花》五首歌，各年级在音乐课中分别学唱其中的两首歌。
美术	学校学习内容： 一、二年级用黏土、纸盘和彩笔制作一碗精美的汤圆、饺子，并用纸剪雪花。 三、四年级用黏土和彩笔配合折纸创作梅花图，并用纸剪雪花。
科学	家庭实施项目： 一年级：种植一棵风信子，观察风信子根、茎、叶长出的时间，画出风信子在生长过程中的明显变化。观察身边植物和动物在天气回暖过程中的变化，在九九加一九时走进田地观察农忙时的气象。 二年级：种植一棵风信子，观察风信子根、茎、叶长出的时间，画出风信子在生长过程中的明显变化，测量风信子的叶在生长过程中每天的长度变化，在九九加一九时走进田地观察农忙时的气象。 三、四年级：记录每天清晨的气温，绘制柱状图，发现气温变化规律，查询每天日出、日落时间，计算每天日照时长，记录如下，在九九加一九时走进田地观察农忙时的气象。

学科	内　容									
科学	例：　　　　　　　　　一九　日期：12月22日—12月30日									
	日期	12月22日	12月23日	12月24日	12月25日	12月26日	12月27日	12月28日	12月29日	12月30日
	气温									
	日出时间									
	日落时间									
	日照时长									

4.教师适当留白与跟进指导

（1）教师适当"隐身"。各年级课程实施要求给学生充分留白，使他们有足够的思考空间和充分驰骋想象的空间，目的是让学生个体在共性化的要求下又有个性化的体现。在课程学习中，老师完全放手让学生自主学习，给学生搭建广阔的"舞台"，增强学生自主学习、自我管理、自我探究的能力。

（2）教师适时点拨。在长达81天的课程学习中，学生的大部分学习在家中完成，且有将近一个月时间是寒假，学生具体学习情况如何，老师又该怎样指导？于是各班专门在班级群中建了"冬至盼春"融课程文件夹，学生的阶段性学习成果包括照片、视频、学习心得等不定期上传到文件夹中，老师们可以及时去了解学生课程学习最新动态，并给予评价，指出可以改进之处。在上学期间，老师们通过访谈、聊天等形式了解学生的学习情况以及遇到的困难，及时给予指导；在寒假期间，学生有问题及时通过微信、钉钉等方式与老师联系，所有老师都一对一给予学生耐心引导，班级还不定期召开钉钉会议，充分交流、分享学习成果。(见图6-4)

图6-4　"冬至盼春"课程管理指导流程图式

七、课程设计理念

1.以"九九"为线串联学科学习

数九，又称冬九九，是中国民间一种计算寒天与春暖花开日期的方法。从二十四节气"冬至"逢壬日开始算起，每九天算"一九"，当数到九个"一九"（九九八十一天）时，便万物复苏、生机盎然，是春耕的时候了。"数九"的过程也是寒极转暖、寒消暖长的过程。学生学习过一些"九九歌"，也在老师的指导下理解了其中的意思，但是他们没有把数九与日常学习生活相联系的经验，也没有亲自体会每"一九"天气的真实触感，对冬去春来中自然界的变化习以为常，正如陆游在《冬夜读书示子聿》所写的"纸上得来终觉浅，绝知此事要躬行"，每个学生虽然对"九九歌"耳熟能详，但是体会不深。因此各个年级的学习都以"九九歌"为主线，也就是以九天为一单元，自创"九九消寒图"。一年级每一九写一个九笔汉字，如亭、前、垂、柳、珍、重、待、春等，同时在每个字下面的格子里分别写上1—9的数，写完这九个数，一个九就结束了，并要求在每一九的最后一天画上风信子的变化图，让学生感受随着时间的流逝，风信子的生长与变化（见图6-5）。这样的学习是把一年级最基本的写字练习以及数字书写练习有效融合，培养学生书写能力以及端正书写、认真书写的习惯。二年级则利用九九乘法口诀表，每一九展示自己最想吃的一道美食并制作一张菜单，内容包括美食名称、图片，还要用简单的两三句话介绍这道美食，并在每一九结束时记录自己的身高和风信子的高度。利用乘法口诀做九九消寒图，把语文、数学、科学、体育、美术有效融合，成果一周一份，但没有固定的格式，这考验的是学生收集资料的能力，设计、构图、绘画能力，以及数据测量与记录能力，最后还要装订成一本绘本，让学生在成果的不断变化、丰厚中感受时间的变化，让看不见也摸不着的时间在学生心中留痕。三、四年级则自主制作月历表，并在月历表中以每九天为一个周期，做九九消寒图，他们的学习侧重在观察并记录"天气""自然环境"等现象，用柱状图记录气温以及日出、日落的变化时间，并每一九写一则观察日记，每一九记录运动后身高的变化。这样的安排更注重学生自主学习、自主探究的能力，以及持之以恒的学习精神。

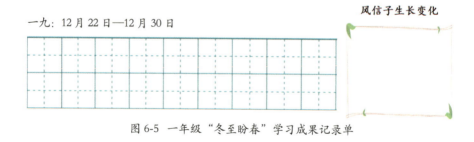

图6-5 一年级"冬至盼春"学习成果记录单

2. 把生命教育融入时间流中

生命教育既是一切教育的前提，同时也是教育的最高追求。对学生进行生命教育，不仅仅是教会学生珍爱生命，更要启发学生完整理解生命的意义，积极创造生命的价值。朱永新教授指出："教育应该以生命为原点，回归生命的本体，向内审视生命的本质，让生命回归自身价值；向外构建教育的场域，铸造生命的精神家园。"确实，让生命教育回归教育的主场，以生命的名义重塑教育，是教师、家长、学生乃至所有人共同的使命！此次融课程学习，正是基于这样的使命展开。一、二年级学生在种植风信子的过程中，给风信子施肥，把风信子搬到户外晒太阳，从种下种子到种子发芽、长高、开花，他们始终细心呵护直至最后风信子枯萎。其间经历种子发芽的快乐，感受一夜间冒出花骨朵的惊喜，享受绽开一朵乃至全部花开带来的美，这样的过程让孩子们感受到生命的美好和分享的快乐，让他们体会到感恩惜福，感受到生命成长的意义。各个年级在体育锻炼以及运动打卡中，每周一次记录自己的身高，小小的身高变化让他们感受生命成长带来的惊喜。生命和教育本来就是一体的，教育本来就是为生命而准备的。学生经历整个融课程的学习过程，也正是经历生命从冬到春的成长过程，这样的过程让学生真正去认识生命、珍惜生命、尊重生命、热爱生命，同时拓展学生生命的长度、宽度和高度，帮助他们成为更好的自己。

3. 让学科素养在融合学习中有效落地

本次融课程主要有语文、科学、体育、音乐和美术，还有数学的书写与测量。在语文学习中，一年级拓展与雪有关的古诗词，冬天在一首首与雪有关的古诗词诵读中过去，学生受到了美的熏陶和启迪。二年级看似推荐美食，实则是让学生用自己的语言介绍美食，推荐美食，不仅提升学生的语言表达能力，更是培养学生查找资料、自主学习的能力；三、四年级则是根据科学的观察记录，每九天写一则观察日记，把科学与语文有效结合，提升学生的观察和写作能力。在科学学习中，一、二年级观察、养护风信子，旨在培养学生科学兴趣，增强对科学的好奇心与求知欲，以及由此生发的亲近科学、体验科学、热爱科学的情感。三、四年级则观察气温，绘制柱状图，计算每天日照时长等，旨在培养学生运用科学基本观点理解自然界并能做出相应决定的能力，能够确认科学问题，使用证据做出科学结论并就结论与他人进行交流的能力。在体育学习中，学生根据每一九的内容，如跳绳、摸高、引体向上等活动，每天进行几组练习，这样坚持八十一天，让学生体会持之以恒的意义以及由此带来的运动技能的进步。在音乐学习中，让学生自己查找收集节气歌，如《冬至歌》《小寒歌》《大寒歌》《腊八歌》，同时学唱与冬季有关的歌曲，这样的学习经历既增强学生的音乐素养，同时也拓宽学生音乐学习的视野，让节气文化在优美的歌声传唱中更加融入学生的学习与生活。在美术学习中，将制作汤圆、剪纸雪花、画梅花等融入冬至节气，不仅让学生进一步理解冬至习俗，也提升了他们的美术创作能力和动手能力。

4. 多学科融合赋能卷入式学习

识：一年级学生通过写汉字、背古诗、学唱节气歌认识了很多汉字，并且了解了九笔字；二年级学生在每一九中通过介绍一道美食提升写作能力，同时认识了很多的菜谱，知道在特定的节日中不同的菜体现的意义，感受餐桌上享用的每一道菜肴需要多道工序，体会父母、长辈做菜的辛苦，更加懂得要珍惜食物，感恩他人；三、四年级学生在制作天气日历和消寒图中感受到了大自然神奇的变化，他们认真记录气温、天气、风向、风速、降水量、日出时间、日落时间、日照长度等，认识到不同气温下的自然现象，并从气温的变化中深切体会冬去春来中大自然的变化，感受到时间的流逝，意识到珍惜时间的重要性。（见图 6-6）

图 6-6 各年级学生学习成果（一）

唱：一年级学生学古诗并辅以熟悉的曲调，把古诗吟唱出来，再把两首节气歌有节奏地朗读后唱出来；二年级学生学唱了四首节气歌并自己编创动作；三、四年级学生唱了六首节气歌并自己编创动作。这些歌曲并不是音乐教材中的内容，把它们通过吟唱的方式表现出来更加便于学生消化与记忆，每个学生都把自己学唱的歌曲拍成视频发在班级群中，从学生自信洋溢的笑容和优美的歌声中，看到了孩子们满满的自信与成长，也提升了他们的音乐素养。（见图 6-7）

图 6-7 各年级学生在家中学唱节气歌

　　画：每个孩子都是天生的画家，他们最喜欢用画画来表达自己的情感。一、二年级学生在观察与绘画风信子成长变化的过程中，学会了耐心观察，提升了绘画能力。特别是二年级学生，在以每一九为单位的绘本创作中，他们首先画风信子的形状，记录高度，再用自己喜欢的方式绘制尺子记录每一周的身高，整个画面不仅排版有创意、美观，并且非常有设计感，体现出学生较高的美术素养。三、四年级学生把每一九的气温变化画成条形统计图或者折线统计图，制作九九消寒图，记录每一九的相关内容，通过画、剪、贴等方式，把自己对课程独特的理解表达出来，每一份绘制的材料都是学生满满的学习成果。（见图 6-8）

图 6-8 各年级学生学习成果（二）

育：一、二年级学生在种植风信子过程中，观察风信子从一颗种子到慢慢发芽、长高、开花，在每一九结束画出风信子生长的样子，给风信子浇水、晒太阳，测量风信子的生长高度，这无形中让他们受到了热爱生命、热爱劳动的教育，也促使他们去帮父母做一些力所能及的事情，在劳动中感受到父母养育自己的辛苦，真正体会养育过程中倾注的爱与关心。（见图 6-9）

图 6-9 养育风信子

炼：在九九八十一天的学习中，体育锻炼始终融入其中。根据老师的安排，学生每天进行锻炼。比如摸高，有学生摸墙壁，也有学生和家长配合，跳起来去摸家长举着的球拍；比如跳绳，有学生从总是间断到能够在 1 分钟连续跳一百多下。学生还增加了自己感兴趣的运动内容，如打乒乓球、打篮球、踢足球等。也有学生用小区的健身器材进行各种锻炼（见图 6-10）。他们心中有一种期待，就是在每一九结束的最后一天，自己能长高。这样的方式促进学生每天认真进行体育锻炼，同时学生也认识到运动锻炼对身体的重要性。在融课程结束后，很多学生将每天运动、每九天测量一次自己的身高变成常态。随着数据的慢慢变化，学生和家长共同见证生命成长的过程，感悟生命成长的意义。

图 6-10　多样化体育锻炼

悟：跨越漫长的冬季，以八十一天为学习周期，学习内容集多学科融合，学习场域从校内到校外及家中，这样的学习是学生没有经历过的。他们从最初的毫无头绪，到在与父母的沟通交流中，厘清学习要素，并带着意向卷入学习，整个融课程学习对每个学生来说都是一次难得的学习旅程，特别是三、四年级学生有很多的感悟，下面就来听听他们的心声吧。（见图 6-11）

刚接到这个作业的时候，我好蒙，81 天的作业，真的不知道该怎么去做。后来在爸爸妈妈的建议下，我决定以 9 天为一个单位来记录这 81 天，每天写上日期和我自己的一句心得体会。一九我画了一棵苹果树，苹果树上结了 9 个苹果；二九时，天更冷了，就画了一株红梅，上面有 9 朵梅花。再到后来，我在妈妈的提醒下，根据日期的特征来画自己喜欢的图案，比如春节是喜庆的，那我就画一幅过新年的图画，再记录每一天的小体会。元宵节的那一幅画，就画好多的灯笼，在灯笼里记下日期。最后在妈妈的帮助下把这些成果装订成册，我的九九消寒图就做好了，它可漂亮啦！

　　九九消寒图陪伴我度过了 81 天，爸爸妈妈帮助我一起学习融课程。每天晚上我们一家都要在书房一起讨论如何完善我的观察日记。爸爸帮我查找相关资料，妈妈和我一起设计版面，而我专心观察生活，写好日记。我采用一个九九消寒小知识和一道数学题模式来写日记。通过学习，我知道了什么是九九消寒图，它有什么作用，应该怎么去表示……我对古人的智慧敬佩不已。虽然，这次作业很费脑筋，但也让我受益匪浅。不仅如此，在这个过程中，爸爸妈妈始终陪伴着我，让我们一家人变得更加亲近了，我非常喜欢这次融课程学习。

　　为记录每天的气温变化，我开始关注每天的气象播报，并查阅资料关注日常。我发现日出也有一定的规律，从 12 月 22 日开始，日出越来越晚，但到 1 月 11 日之后又开始缓慢提早。在六九之后，日出的时间越来越早，日落的时间越来越晚，这表明白天的时间越来越长，夜晚的时间越来越短。我爱上了画柱状图，制作气象日历，写观察小日记，制作九九消寒图，并知道了什么是九九消寒图，它有什么作用，应该怎么去表示……这样的学习真有趣！

图 6-11 各年级学生学习成果（三）

八、课程反思

1. 项目化学习：有效推进综合实践活动课程

在"双减"背景下，小学阶段的教学要落实减负增效的目标，组织与开展综合实践活动，在课程教学中引领学生自主学习、合作探究，促进学生德、智、体、美、劳全面发展，更好落实立德树人的根本任务是改变当下学习方式的重要途径之一。当前各个学校都非常重视优化教学方式，包括开展研究型、项目化、合作式学习，在探究任务的过程中，运用多学科知识，共同解决问题并完成任务。此次"冬至盼春"融课程，通过融合多学科内容确定驱动问题，并以项目化学习方式进行探究，呈现学习成果。每个年级以情境以及需要解决的问题作为学生学习的驱动力展开学习，比如一年级以种植养护风信子为问题情境，再介入数字和九笔字的书写以及体育锻炼和身高测量；二年级也以种植养护风信子为问题情境，再以 1—9 这九个数编八十一句口诀作为九九消寒图，并融合语文的美食介绍和体育的运动打卡等内容，学生以绘本的方式制作呈现；三、四年级以气温、光照等与日常生活密切相关的天气情境为问题，以每九天的气温变化为契机，融合观察日记与运动、测量身高等内容，完成九九消寒图。这样的学习打破传统教学模式的束缚，在学习中，学生能基于自身知识基础、生活经验与认知情况，以设计"九九消寒图"为问题驱动策略，自主参与设计、计划、决策、执行、交流等多项学习活动。在整整八十一天循序渐进的学习过程中，都是知识与真实情境相勾连，这样习得的知识并不是从教师教授中所得，学习也不是被动地习得知识，而是在个性化学习后得到的，在学习中习得的都成为活的知识。这样的学习经历是在课堂学习中无法体会的，能培养学生自主学习、自主探究、合作分享的能力，学习的意义和自主学习的内驱力在学生身上明显体现，学生的学习兴趣和主动性以及无限创意被激发，有效提升学生对知识的价值认识和情感认同。

2."五育"融合：多学科联合育人有效达成

"五育"是指传统意义上的德育、智育、体育、美育、劳动教育，"融合"是指渗透与整合。"五育"融合就是将独立的德育体系、智育体系、体育体系、美育体系及劳动教育体系相融合，使它们相互渗透，构建全新的、系统的教育新体系。"五育"融合注重全面发展的理念与我国立德树人根本任务高度统一，是实现立德树人教育目标的有效手段，是对"为谁育人""育什么人"的回答。本次"冬至盼春"融课程的学习，就是将"五育"聚集到整个课程的学习中。比如二年级学生的学习成果是一本绘本，绘本一共是九页，每一页的正反两面都体现各个学科所学内容。比如正面的学习把数学、体育、美术、科学融合，每一九重点凸显一个数，并编写该数的九句口诀，每一句口诀都有对应的具体日子。然后在左边画一长颈鹿为背景的身高尺，标明自己这周的具体身高，在右面画出风信子的高度，并描写风信子的形状，记录测量的高度数据；反面主要用于语文学习，有学生把红烧肉这道菜的推荐与除夕结合在一起，自主查找除夕的来历、习俗、诗词歌赋，且一并呈现其中，还在旁边写上这一九的日志，把自己对风信子的养护以及这一周的劳动与锻炼进行阐述，同时融入自身的情感体验。这些学习成果正体现了"五育"融合的意义，进而实现"五育"的整体生成，也让"五育"的成长效应相互贯穿、相互渗透、相互滋养，最终做到相互融合，实现德、智、体、美、劳全面发展。

3.任务驱动：促进深度学习发生

心理学研究表明：学习不会发生在被动地吸收之中。如果学生对学习感兴趣，便会引起他们的探究欲望，在其大脑中形成兴奋中心，促使全身各种器官处于最佳状态，从而真正积极主动参与到整个探索学习过程中。"冬至盼春"融课程紧紧围绕九九消寒这个任务，让学生在强烈的问题动机的驱动下，自主查找、主动应用学习资源，自主探索和互动协作学习，按照"提出任务—思考完成任务的思路、方法—学中做、做中学—形成学习成果"的路径展开学习，并以问题情境不断提升学习兴趣和动力，促进学习不断深入。该课程的实施让全校学生知道了冬至这个节气以及相关习俗，知道了九九歌、九九消寒图的意思以及具体的做法，促进了学生在认知、实践、探究、创造等方面的全面发展，在培养学生继承中华优秀传统文化、关注家国情怀、独立学习等方面有积极作用。家长表示学生在学习中会主动与自己商议学习进程，会分享学习成果，他们也会帮学生出谋划策，这样的经历也让学生与家长不断增加对冬至节气文化的认识，这些正是深度学习发生的最好例证。

第七章
课程评价

评价是一种价值判断的活动，是对客体满足主体需要程度的判断。

教学评价是以教学目标为依据，按照科学的标准，运用一切有效手段，对教学过程及结果给予价值判断的过程。

评价的过程就是一个生命理解的过程，即"读懂"学生的过程，评价的效度取决于"理解"的水平或"读懂"的程度。

评价与反思触发教育能见度

有效实施学生评价，促进学生发展，是教育的必然追求。2020 年 10 月，中共中央、国务院印发了《深化新时代教育评价改革总体方案》，指出要"完善综合素质评价体系，切实引导学生坚定理想信念、厚植爱国主义情怀、加强品德修养、增长知识见识、培养奋斗精神、增强综合素养"。教育部等六部门《关于印发〈义务教育质量评价指南〉的通知》规定，要"坚持育人为本，面向全体学生，注重综合素质评价，促进全面培养，引导办好每所学校、教好每名学生"。学校需要不断改进评价内容，构建评价与学生成长同频共振的体系，为学生的可持续发展提供动力，从关注学业转向全面发展，从关注学业成绩评定转向诊断反馈，同时进一步优化评价方式，通过"捕捉每一点、每一刻、每一步微光"的散点性评价，去构建合理的学生评价体系，促进学生不断成长。那么在四季如歌融课程的实施中，学校又有怎样的评价？怎么去建构学生可持续发展的动力系统呢？

一、立体评价：让每个学生都成为最好的自己

教育评价是指根据一定的教育目标，运用可操作的科学手段，通过系统地搜集、分析、整理信息和资料，对教育活动、过程和结果进行价值判断，从而为不断完善自我和教育决策提供可靠信息的过程。简言之，以目标为依据，借助一定的标准和手段，对教育活动及其结果给予价值上的判断。而四季如歌融课程的评价，结合了表现性评价、形成性评价和终结性评价等多元评价方式，帮助学生搭建了从融课程项目学习通往真实生活情境的桥梁。

1.多方评价：增强评价效度

（1）评价内容多元化

评价内容不仅仅局限于学生的学习表现，更多的是从综合的角度，融学生参与课程学习中的调查研究、情感态度、活动表现、问题情境、课堂学习、成果作品、检

测结果等为一体的多元化评价维度。（见图 7-1）

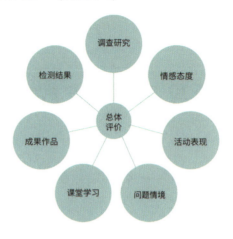

图 7-1　四季如歌融课程评价内容

在多元化的内容基础上，用准确的语言描述等级，进行标准化的规定，细化每项评价，赋予每一水平相应的分值，实行量化评价。（见表 7-1）

表 7-1　融课程评价标准

情感态度评价表		调查研究评价表	
评分	评价标准	评分	评价标准
5	喜欢全部融课程学习，积极投入	5	积极开展调查研究，有很多收获
3	喜欢大多数融课程，并能参与	3	认真开展调查研究，有所收获
1	偶尔参与，不太喜欢	1	有参加调查研究，收获不多
0	完全不喜欢	0	没参加调查研究

活动表现评价表		问题情境评价表	
评分	评价标准	评分	评价标准
5	积极参加，大胆表现，获得好评	5	认真思考探究，最终解决问题
3	参加认真，表现还不够	3	认真思考，解决部分问题
1	有参加，但积极性不高	1	思考不够，解决问题有错误
0	没参加	0	无法解决问题

课堂学习评价表	
评分	评价标准
5	认真参与，积极表现，学有所获
3	学习比较认真，也能回答问题
1	学习兴趣不高
0	没有学习兴趣

学习成果评价表	
评分	评价标准
5	成果数量和质量均创新，很精致
3	成果数量和质量有创新，欠精致
1	成果一般或有错误
0	无成果

（2）评价主体多元化

评价主体多元化，即除教师评价外，还加入学生自评、学生互评、家长评价等内容（见表 7-2）。在评价过程中，注重评价的诊断功能和促进功能，注重学生发展进程，重点进行纵向评价，强调学生个体在课程学习前后的比较评价，使学生真正感受到自身的进步。

学生自评：学生自我评价可以调动他们参与的积极性，从而激励自觉完成课程的各项学习任务，让课程学习激发学生内在动力，从而为学习结果增效。

学生互评：在课程学习中，有很多小组合作学习、探究式项目，学生之间的互评可以让学生学会交流、合作和学习。且学生的评价非常客观公正，小组成员之间也很在意同伴的评价，这样的评价是促进学生积极参与学习的一种动力源。

家长评价：在融课程学习中，很多综合性的实践活动、调查研究、实地考察等内容都是学生与家长一起参与进行的，家长有更多的发言权，家长的评价能有效弥补学生自评、学生互评的不足。

教师评价：教师根据学生参与融课程学习所表现出来的实际情况，更多地从发展的眼光关注每个个体的学习变化，采用正面、激励、鼓励的方式，及时对学生的学习进行针对性帮扶，这样的评价更具有科学性和指导性。

表 7-2　融课程评价标准

评价指标		评价星级			
一级指标	二级指标	自评	互评	家长评	教师评
情感态度	喜欢全部融课程学习，积极投入	☆☆☆	☆☆☆	☆☆☆	5、3、1、0
	喜欢大多数融课程，并能参与				
	偶尔参与，不太喜欢				
	完全不喜欢				

评价指标	评价星级			
一级指标	二级指标	自评	互评	家长评	教师评
调查研究	积极开展调查研究，有很多收获				
	认真开展调查研究，有所收获				
	有参加调查研究，收获不多				
	没参加调查研究				
活动表现	积极参加，大胆表现，获得好评				
	参加认真，表现还不够				
	有参加，但积极性不高				
	没参加				
问题情境	认真思考探究，最终解决问题				
	认真思考，解决部分问题				
	思考不够，解决问题有错误				
	无法解决问题				
课堂学习	认真参与，积极表现，学有所获				
	学习比较认真，也能回答问题				
	学习兴趣不高				
	没有学习兴趣				
成果作品	成果数量和质量均创新，很精致				
	成果数量和质量有创新，欠精致				
	成果一般或有错误				

评价指标	评价星级				
一级指标	二级指标	自评	互评	家长评	教师评
调查研究	积极开展调查研究，有很多收获				
活动表现	积极参加，大胆表现，获得好评				

说明：课堂学习中，家长不参与评价，教师评价根据学生实际参与学习情况，参照"表7-1
融课程评价标准"给予具体分值；形成性练习无须学生自评、学生互评和家长评价，教师根据
学生答题情况给予评定。

2. 注重过程：丰富评价方式

（1）评价方式多元化

每一个融课程结束后，学校创造各种机会，让学生在各类平台上进行学习成果
展示，突出学生主体地位，扩大学习成果。比如会进行作品设计、学科内容、艺术体
育、个性特长、成果展览、汇报演出等多维度评价，评价中还关注学生的品性、审美
情操、运动与健康等。这样的评价，既重视终结性评价，也重视过程性评价，尤其注
重学生个体的进步与成长，是真正以人为本、具有生命力的评价。下面以"冬至盼春"
融课程为例说明。

成果展览：把收获辐射到全体学生。一、二年级同学把种植的风信子带到学校
美化校园，让全体同学观赏，一至四年级又甄选出优秀学习成果进行展览。全校学生
利用午间闲暇时间参观优秀学习成果，每个同学手中有5张点赞卡，在参观学习中对
优秀的作品进行点赞。其间，学生们将再次进行学习教育。（见图7-2）

图7-2　"冬至盼春"融课程作品成果展出与点赞评价

汇报演出：用艺术表达学习所获。学校专门搭建舞台，各年级学生进行节目会演。
一年级学生手捧芳香四溢的风信子结合古诗表演《春风为我来》；二年级学生融合音

乐、语文表达盼春的心声，与爸爸妈妈一起表演《小寒盼春》；三年级学生讲述九九八十一天的学习心得，表演《数九雅趣》；四年级学生述说这八十一天中出现的相关节气，表演《九九盼春——时间里的智慧》（见图7-3）。演出通过钉钉直播，全体学生收看直播，同时把直播转发到家长群，家长也共同观看孩子们的成果汇报，并进行评价。

图7-3 "冬至盼春"融课程节目会演与家长参与评价

总结表彰：淡化分数，促进综合素养提升。课程最后以"九九春来 再盼花开"为主题进行总结表彰活动。一是表彰"健康之星"。在本课程学习中，全体学生每日进行运动打卡，这样的打卡既锻炼了身体，也让同学们在每天的摸高、量身高的过程中对自己的身高变化充满期待，因此更加热爱各项运动，涌现出了一大批健康之星。二是结合同学们的点赞数量和老师们的细致评审，评出"学习成果优胜奖"。（见图7-4）

图7-4 "冬至盼春"融课程总结表彰活动

（2）评价形成档案袋

学校为每一个学生建立成长档案袋，他们每一次融课程学习的调查研究素材、学习单、研究项目成果报告、学科学习成果、音视频材料、手工作品等都收集在档案袋中，见证学生学习过程与成长。

3. 注重激励：实施进阶评价

（1）颁发"精灵币"

在融课程学习中，特别设计了 6 枚"精灵币"，分别是"礼仪精灵、才艺精灵、阳光精灵、智慧精灵、环保精灵、创新精灵"，用来激发学生在每一次融课程学习中的兴趣。根据"融课程学习评价表"中的评价，颁发给学生不同的精灵币，获得 3 枚不同精灵币的学生可以兑换 1 枚"五彩精灵币"，获得 5 枚"五彩精灵币"的学生又可以兑换 1 枚"美丽精灵币"。（见图 7-5）

这种进阶式的评价，激发学生在每一次融课程学习中积极参与、主动探究，努力把最好的学习成果呈现出来，达到以评促学的目的。

图 7-5 "美丽精灵币"样式

（2）评学习达人

整个融课程 7 大课程实施下来，每个学生都得到不同枚数的精灵币，最终对获得 30 枚及以上"精灵币"的学生，或者是获得 2 枚及以上"美丽精灵币"的学生，颁发"融课程学习小达人"荣誉证书（见图 7-6），以此奖励学生在融课程学习中的优异表现，这也是给学生努力付出最好的证明与回报。

图 7-6 "融课程学习小达人"荣誉证书

二、实践成效：以一个课程凸显成长新赛道

四季如歌融课程为师生开启了一段卷入式的美妙旅程，不仅拓展、丰富了学校课程群，有效补充了国家课程，给学生提供了更多可持续发展的机会与展示自我的舞台，也改变了教与学的方式，实现教学的深度变革。

1. 增强融课程及国家课程学习兴趣

在融课程实施中我们发现，兴趣真的是最好的老师。一部分在日常课堂学习中表现一般的学生，在融课程的学习中，他们把自己独特的能力展示了出来，比如在问题探究、信息收集与处理、人际交往、绘画设计等方面都表现出长足的兴趣与探究欲望，这是日常课堂教学中老师难以观察到的。在对此课题研究的前测、后测调查中发现，由于原先学生并不了解四季如歌融课程，对四季如歌融课程学习的积极性不够，但是在课程学习之后，学生亲身体验了校内课外、家庭社会等多维度、多空间的学习、实践、操作、探究、合作等丰富多彩的学习活动，拓展了他们对该课程的认知，他们变得特别喜欢该课程。这从参加融课程学习的学生前测、后测数据中就能很明显地体现出来（见图7-7）。同时对融课程学习的兴趣，也唤醒了学生对学习的兴趣，这样的兴趣也正向促进学生对国家课程的学习，这也是学校开发四季如歌融课程的初衷之一。

图7-7 学生对融课程、国家课程喜爱度统计图

2. 提升传统文化素养

四季如歌融课程的学习，让学生穿越历史，浸润民俗，与传统对话，找到精神原乡，让学生在探寻传统节气、节日文化内涵中，感受经典魅力，这样的教育直抵学生心灵，在不知不觉中提升他们的传统文化素养。

为验证学生对节气、节日中优秀传统文化的认知变化以及在融课程学习中学习

能力的提升，我们编制了后测题（见表7-3）。第一部分主要考查七大融课程中与节气、节日有关的习俗、美食、代表人物等；第二、三部分主要考查与节气、节日相关的各个学科的知识点。我们选定了对照学校进行检测，统计结果表明学生的传统文化素养有较大提升，三个部分与对照组相比都有显著差异。由此可见，这样的融课程学习是可行、有意义且非常有效的。

"节气、节日知识"后测题如下：

第一部分：

1. 中秋节最有代表性的食物是（　　），中秋节的习俗有（　　　　　　）。
2. 端午节时一般大家都会吃（　　　），端午节的习俗有（　　　　　）。
2. 重阳节又叫（　　　）节，重阳节的习俗有（　　　　　），在重阳节中我可以（　　　　　）（写一件事情），来表达我对长辈的情感。
4. 清明期间大家都喜欢吃的食物是（　　　　）。
5. 冬至日大家喜欢吃的食物是（　　　），冬至日当天正好是（　　）九的开始，过八十天就是（　　）九结束。
6. 我知道植树节是每年的（　）月（　）日。

第二部分：

1. 中秋节表达了人们（　　　　　　）的情感。
2. 重阳节主要是表达（　　　　　）的情感。
3. 清明节主要是表达（　　　　　）的情感。
4. 端午节主要是纪念伟大爱国诗人（　　　），他的诗词作品有（　　　）。
5. 我知道跟中秋有关的歌曲是（　　　　）和（　　　　　）。

第三部分：

1. 我来写一首有关中秋节的古诗：

2. 我来写一首有关清明节的古诗：

3. 我来写一首与节日或节气有关的古诗：

3. 弥补学科育人功能，发展学生综合素养

当课程为学生提供更多认识社会、理解文化、浸润心灵的机会的时候，课程就

拥有了育人的大格局。四季如歌融课程以构建学生立体知识网络为宗旨，以系统设计、多维联结为关键，突出学科间内在联系、深度链接与融合。在浸润式参与融课程的学习中，学生往往会全身心投入地去调查、去发现、去观察、去探究、去设计、去合作、去实践，去发现问题并创造性地解决问题，并持久、专注地完成每一个学习任务。在时间轴的推进中学生感受学习成果的不断丰富与变化，这样的学习经历在原先的课堂学习中是体验不到的。而老师们用成长发展的眼光看待每一个学生的成长变化，并随时表扬与点赞，使他们不断发现自己的优点与特长，于是同学们的笑容多了，也更加自信、阳光了。我们通过问卷调查，对比融课程学习前、后在观察能力、合作探究能力等八方面内容的变化（见图7-8），发现通过四季如歌融课程的实施，学生的信息收集能力、调查研究能力、问题解决能力等明显提升，合作探究能力、观察能力等也有不同程度的提高，亲子间的关系也有所增进，这让我们更加有信心和底气来见证四季如歌融课程强大的学科育人功能。

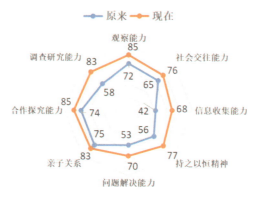

图7-8 学生综合素养提升雷达图分析

4. 认识学习的意义与价值

此次融课程学习，学生真正成为学习的主人，每个学生在学习中重新定位自己、认识自己，找到了自己独有的特色与能力。比如很多学生意识到学习不仅仅是在课堂上听老师讲课，再完成作业，学习更多的是发生在自主探究、实践中，并且学习的空间也不仅仅在教室，任何一个地方都可以成为学习场所；也有学生发现自己特别喜欢设计、绘画、创作类的课程，因为这样的学习内容给了他们很多的留白，给足了他们自主想象的空间，并且这些学习成果给了他们满满的成就感；还有学生喜欢在自主探究学习后把自己的所得分享给家人、同伴，这也让他们意识到学习更多的是发生在自己身上；更有学生体会到坚持的意义，一件事情只要坚持不懈地去完成，就一定能有收获……这些体会在原先的课堂学习中是感受不到的，这让他们变得更加自信，也让他们明白学习并不是为了做题、考试，学习是多种的、丰富的、有意义的探究活动，是用来解决问题、更好地服务生活的。

三、头脑风暴：探讨课程实施的可行性及修改之处

每一个融课程结束后，我们都会对融课程实施进行研讨，从"教师教学、家长反馈、成果展示、研讨修正"四方面进行，从而来思考融课程方案的可行性以及需改进之处。

教师教学：主要是根据每个学科的教学设计，在课堂实施或者学生综合实践后进行反思。比如在重阳节融课程数学教学中，通过观察学生课堂学习来反思课程设计是否合理，重点是否突破，学生解决问题的能力是否提升等，同时也交流反思在融课程学习中教师跟进指导的好办法。又比如在植树节融课程学习后，大家一起反思，用童话故事模式开启教学，用"小豆芽"的游历串联起多学科学习，是否能在学生幼小的心灵里播种下环保护绿、珍爱生命的种子，是否有效渗透德、智、体、美、劳"五育＋"的目标，等等。

家长反馈：四季如歌融课程的很多学习项目都是在家中完成，这就需要家长一定的协助。比如学生和家长共同商议开展方案，家长带学生参与实践活动，需要家长共同参与。通过与家长面谈、电话、微信、钉钉等方式沟通，及时了解学生对参与融课程学习的态度、兴趣，在调查、研究中是否会和家长共同交流、讨论，在和家人共同过节中学生有怎样的表现，家长对学校的融课程开设有什么建议，等等。这些宝贵的第一手资料，都促进后续一个个融课程开发不断扬长避短，使我们的融课程推进越来越受学生和家长欢迎。

成果展示：每一次融课程结束，都专门进行总结活动。各班首先总结表扬融课程学习优秀的同学，再甄选各班优秀学习成果在学校长廊展出，时间基本会历时半个月，学生随时参观点赞，并专门搭建舞台，让学生通过节目会演来展示融课程学习成果，同时进行表彰。这样的一台台会演都会进行直播，家长可以共同观看，并把学生优秀学习成果通过微信进行推送，把成果辐射到每个家庭、每个学生。学生在参观学习别人的优秀成果时，会反思、改进自己学习的不足，家长也会给出一定的好建议，这也进一步促进学生在后续课程中去思考用怎样的方式能更好地展示自己的学习成果。

研讨修正：全体老师通过会议进行研讨。研讨中先由课题组成员中的 2—3 位老师进行课程实施综述，然后大家再各抒己见进行座谈，大家在交流、探讨、争辩中融合，共同反思课程的不足。有时也会邀请专家现场指导，这为后续更好地开展融课程奠定基础。

每一个融课程的实施都需要集体智慧。对教师而言，在实践融课程过程中，教师间相互研讨、合作、交流成为常态，不同学科教师因为融课程的开发与实施，在不

断磨合、反思、交流中认识他人，提升素养，教师共同体不断稳固，抱团取暖、合作共赢的理念深入老师内心，他们的合作与融入能力得到提升。老师们通过各种方式对学生课程学习给予引导，而多主体、多形式、跟进式的评价，也让教师明白及时评价、激励的重要性，他们的指导能力、评价能力等都有不同程度的提升。他们会更多地去思考与反思：作为教师，我们应该教给学生什么？怎样才能滋养学生？怎样的学习形式、学习内容是学生感兴趣的？在国家课程教学中，他们也会更多地从合作探究、项目式学习的角度设计教学，会更多地把学科知识与生活实际作融合。总之，学生喜欢的学习方式是老师们想方设法追求的，并且作业的布置也不仅限于做题，而是有更多的让学生感兴趣的、需要他们去探究调查的创造性的作业。比如在寒暑假作业布置中，不仅仅布置机械重复的作业，而是布置更有创意、更受学生们喜欢的作业，这也是落实减负增效的手段之一。

参考文献

[1] 中华人民共和国教育部 . 义务教育课程方案 (2022 年版)[M]. 北京: 北京师范大学出版社, 2022.

[2] 万伟 . 课程的力量: 学校课程规划、设计与实施 [M]. 上海: 华东师范大学出版社, 2017.

[3] 李小军 . 跨越边界的学习: 小学课程融合新探 [M]. 北京: 知识产权出版社, 2019.

[4] 杨莉 . 项目学习课程群的建设与实践 [M]. 成都: 四川大学出版社, 2021.

[5] 格兰特·威金斯, 杰伊·麦克泰格 . 追求理解的教学设计: 2 版 [M]. 闫寒冰, 等译 . 上海: 华东师范大学出版社, 2017.

[6] 魏小山 . 中小学跨学科融合课程的构建: 何谓、为何与何为 [J]. 课程教学研究, 2020 (10): 55-62.

[7] 洪明, 伊琳娜 . 上好一堂生动的生命教育课: 关于清明节的教育对话 [J]. 少年儿童研究, 2010 (4): 8-12.

[8] 王笑梅 . 为儿童的学习打开另一种可能 [J]. 江苏教育, 2021 (2): 68-70.

[9] 何小玲 . 党史融入小学生理想信念教育的实践初探: 以英雄榜样教育校本实践为例 [J]. 新智慧, 2022 (27): 64-66.

[10] 肖淑君 . 端午节文化资源在初中道德与法治课中的利用研究 [J]. 太原: 山西师范大学 .2021(7): 15-18.

[11] 宓瑾 . 整合课程 创新形式: 低年级中秋主题班会活动案例 [J]. 现代教学, 2016 (10A): 47-48.

[12] 刘海峰 . 中国重阳文化的来源、内涵、特征与理论体系 [J]. 天中学刊, 2022 (2): 143-149.

[13] 陈鹏飞, 张亚圣 . 二十四节气之大雪 冬至 [J]. 绿化与生活, 2022 (12): 27-31.

[14] 李政涛, 文娟 . "五育融合"与新时代"教育新体系"的构建 [J]. 中国电化教育, 2020 (3): 7-16.

[15] 郝志军, 刘晓荷 . 五育并举视域下的学校课程融合: 理据、形态和方式 [J]. 课程 . 教材 . 教法, 2021 (3): 4-9.

[16] 曹卉 . 文化自信视域下中华优秀传统文化的传承路径 [J]. 文化产业, 2023 (4): 84-86.

[17] 高艳玲 . 传统节日融入农村小学德育研究 [D]. 赣州: 赣南师范大学, 2015.

[18] 杨金田 . 红色体育让学生体魄强健意志坚定 [N]. 中国教育报, 2022-11-22(11).